Gonglu Shuiyun Gongcheng Shigong
公路水运工程施工
Anquan Fengxian Bianshi Pinggu Guankong Zhinan
安全风险辨识评估管控指南

Luji Lumian Gongcheng Pian
路基路面工程篇

江苏省交通运输厅　组织编写

人民交通出版社股份有限公司

北　京

内 容 提 要

本书共7章，内容包括：施工安全风险辨识与分析、施工安全风险分级、路基路面工程常见施工作业程序分解、路基路面工程施工典型风险事件类型、路基路面工程施工主要安全风险分析、路基路面工程常见重大作业活动清单、路基路面工程常见重大作业活动管控措施建议，为路基路面工程施工安全风险辨识评估管控工作提供了参考。

本书适用于从事公路水运工程（路基路面工程）施工安全风险辨识、风险评估及风险管控工作的人员，也可供建设单位、监理单位和施工单位相关管理人员使用。

图书在版编目（CIP）数据

公路水运工程施工安全风险辨识评估管控指南. 路基路面工程篇／江苏省交通运输厅组织编写. —北京：人民交通出版社股份有限公司，2022.11
ISBN 978-7-114-18318-8

Ⅰ.①公… Ⅱ.①江… Ⅲ.①道路工程—工程施工—安全管理—指南②航道工程—工程施工—安全管理—指南③公路路基—路面施工—安全管理—指南 Ⅳ.①U415.12-62②U615.1-62③U416.1-62

中国版本图书馆CIP数据核字（2022）第202711号

书　　名：	公路水运工程施工安全风险辨识评估管控指南　路基路面工程篇
著　作　者：	江苏省交通运输厅
责任编辑：	崔　建
责任校对：	赵媛媛　魏佳宁
责任印制：	刘高彤
出版发行：	人民交通出版社股份有限公司
地　　址：	(100011)北京市朝阳区安定门外外馆斜街3号
网　　址：	http://www.ccpcl.com.cn
销售电话：	(010)59757973
总 经 销：	人民交通出版社股份有限公司发行部
经　　销：	各地新华书店
印　　刷：	北京虎彩文化传播有限公司
开　　本：	889×1194　1/16
印　　张：	9.75
字　　数：	208千
版　　次：	2022年11月　第1版
印　　次：	2024年5月　第2次印刷
书　　号：	ISBN 978-7-114-18318-8
定　　价：	48.00元

(有印刷、装订质量问题的图书，由本公司负责调换)

《公路水运工程施工安全风险辨识评估管控指南 路基路面工程篇》

编审委员会

主　　任：吴永宏

副 主 任：陈　萍　丁　峰　蒋振雄　王慧廷　张　欣　戴济群

委　　员：陆元良　黄　岩　储春祥　徐　斌　董志海　沈学标
　　　　　林有镇　周　进　陈明辉　郑　洲　胡　萌　潘卫育

主　　审：姜竹生　费国新

副 主 审：张　建　李　椿　徐志峰

编　写　组

主　　编：沈学标

副 主 编：郑　洲

编写人员：方银喜　宣纪刚　周　亮　朱文兵　程九龄　张友利
　　　　　汪　洋　谢力云　朱亚德　张金生　李　军　晏　军
　　　　　侯立永　范从友　陈建胜　谢抒晋　蔚永旺　孙素进
　　　　　李国锋　代　岚　纪献柯　季新年　许年友　叶颖慧
　　　　　王　飞　刘志勤　孙德荣　杨　洋

编写单位

组织编写单位：江苏省交通运输厅

参 编 单 位：江苏省交通运输综合行政执法监督局

江苏科兴项目管理有限公司

江苏宿迁交通工程建设有限公司

中交一公局第五工程有限公司

浙江交工集团股份有限公司

江苏华晨路桥建设有限公司

江苏通用路桥工程有限公司

江苏瑞沃建设集团有限公司

江苏润扬交通工程集团有限公司

兴德(江苏)安全科技有限公司

序

建设交通强国是我国立足国情、着眼全局、面向未来作出的重大战略决策,是建设现代化经济体系的先行领域,是全面建成社会主义现代化强国的重要支撑,是新时代做好交通工作的总抓手。围绕习近平总书记关于全力打造"精品工程、样板工程、平安工程、廉洁工程"的重要指示❶,《交通强国建设纲要》提出了"构建现代化工程建设质量管理体系,推进精品建造和精细管理"的具体要求。公路水运建设领域的管理创新是交通强国建设的重要内容。

党的二十大报告提出,要推进国家安全体系和能力现代化,坚决维护国家安全和社会稳定。坚持安全第一、预防为主,建立大安全大应急框架,推动公共安全治理模式向事前预防转型。当前,世界正经历百年未有之大变局,新一轮科技革命和产业变革深入发展。国际环境日趋复杂,不稳定性、不确定性明显增加,这对统筹安全与发展,把安全发展贯穿到各领域和建设管理全过程提出了新的更高要求。

新形势下,我国公路水运建设安全生产状况持续保持稳中向好的态势,但由于工程建设具有点多线长面广、高空作业多、工艺复杂等特点,施工过程中难免会存在一定的风险,安全生产形势依旧严峻。为此,国家先后出台了一系列的法律法规规章,以加强我国公路水运工程建设的安全监督管理。2021年9月,我国颁布实施了新《中华人民共和国安全生产法》,进一步明确了行业安全监督管理职能。2022年8月,交通运输部印发《关于加强公路水运工程建设质量安全监督管理工作的意见》,以推动工程建设高质量发展。这些法律法规、规章制度的颁布与实施,对我国公路水运工程安全生产管理产生了积极的作用,安全生产形势保持了持续稳定向好的态势。

科技创新为交通强国高质量发展提供了坚实的技术支撑,管理创新与科技创新相互

---

❶ 习近平出席投运仪式并宣布北京大兴国际机场正式投入运营[N].人民日报,2019-09-26(01).

依存、相互推动,为交通运输高质量发展进一步夯实了基础,在交通建设领域大力推进管理创新已经成为普遍共识。为保证公路水运工程施工安全风险管控先试先行,主动防范化解重大风险,支撑行业高质量发展,探索可复制可推广的实施路径,编写组在总结江苏省一系列公路水运工程重点建设项目创新管理的基础上,编制了《公路水运工程施工安全风险辨识评估管控指南》(以下简称《指南》)。该书重点围绕公路水运工程施工安全风险要素,结合施工安全典型风险事件,阐述了公路水运工程施工安全风险辨识、评估、管控的关键技术,为公路水运工程施工重大风险精准闭环管理提供了重要的参考依据。

交通运输是国民经济中基础性、先导性、战略性产业和重要服务型行业。公路水运工程作为现代化交通的基础设施,有效带动了区域经济发展,对促进"双循环"新发展格局的形成具有重要作用。为适应国家安全发展新形势,适应新发展阶段要求,《指南》将安全发展的管理理念贯穿工程建设管理全过程,体现了"安全第一、预防为主、综合治理"的工作方针,突出狠抓风险管控,坚持源头治理,健全防范化解重大风险防控四项机制,实现风险防控关口前移,提升本质安全水平。《指南》具有综合性和实践性的特点,对遏制和防范公路水运工程重特大事故的发生具有良好的指导和示范价值。

聚焦科技前沿,凝练实践精华,是走在创新一线的交通人的共同目标。《指南》的出版,是江苏交通科技工作者担负起"争当表率、争做示范、走在前列"光荣使命的重要实践,是坚定不移推动高质量发展、奋力打造交通运输现代化建设示范区的主动担当,对行业高质量发展具有重要意义。

谨以此为序,表示对《指南》出版的祝贺与推荐!

中国工程院院士

水利部　交通运输部　国家能源局南京水利科学研究院名誉院长

2022年10月　南京

前　言

为深入贯彻党中央、国务院关于加强安全生产工作和加快安全生产改革发展的决策部署,落实交通运输部关于深化防范化解安全生产重大风险的具体要求,江苏省交通运输厅组织编写了《公路水运工程施工安全风险辨识评估管控指南》(以下简称《指南》)。

《指南》共分六篇,包括桥梁工程篇、隧道工程篇、路基路面工程篇、港口工程篇、航道工程篇、船闸工程篇,本书为路基路面工程篇。本书对典型路基路面工程施工作业工序进行了分解,全面辨识了各评估单元中可能发生的典型风险事件类型,从人的因素、物的因素、环境因素、管理因素等几个方面进行了风险分析。根据路基路面工程施工实际,给出了常见重大作业活动清单,有针对性地提出了常见重大作业活动风险管控措施。本书对提升路基路面工程"本质安全"管理水平,实现安全管理关口前移具有重要的指导作用。

本书在编写过程中得到了各级领导和专家的指导,在此一并表示感谢。由于本书内容涉及面广,编写工作量大,难免存在不足之处,各有关单位和从业人员参照使用本书时,将发现的问题和意见反馈至江苏省交通运输综合行政执法监督局(地址:江苏省南京市石鼓路69号;邮编210004)。

编　者

2022 年 9 月

目 录

第一章 施工安全风险辨识与分析 ·· 1

    第一节 总体要求 ·· 1

    第二节 施工安全风险辨识与分析程序 ·································· 1

    第三节 施工安全风险辨识与分析方法 ·································· 4

    第四节 常用风险评估方法的特点 ······································ 6

第二章 施工安全风险分级 ·· 11

    第一节 一般作业活动风险分级 ······································· 11

    第二节 重大作业活动风险分级 ······································· 11

    第三节 施工安全风险分级方法 ······································· 15

第三章 路基路面工程常见施工作业程序分解 ······························ 20

    第一节 路基工程施工作业程序分解 ··································· 20

    第二节 路面工程施工作业程序分解 ··································· 20

第四章 路基路面工程施工典型风险事件类型 ······························ 22

    第一节 路基工程施工典型风险事件类型 ······························· 22

    第二节 路面工程施工典型风险事件类型 ······························· 23

第五章 路基路面工程施工主要安全风险分析 ······························ 24

    第一节 软土地基处理施工主要安全风险分析 ··························· 24

第二节　小型构造物施工主要安全风险分析 ············· 41

第三节　路基土石方施工主要安全风险分析 ············· 63

第四节　防护工程施工主要安全风险分析 ··············· 72

第五节　路面工程施工主要安全风险分析 ··············· 89

第六章　路基路面工程常见重大作业活动清单 ············· 127

第一节　路基工程常见重大作业活动清单 ··············· 127

第二节　路面工程常见重大作业活动清单 ··············· 128

第七章　路基路面工程常见重大作业活动管控措施建议 ····· 129

第一节　路基工程常见重大作业活动管控措施建议 ······· 129

第二节　路面工程常见重大作业活动管控措施建议 ······· 142

参考文献 ··· 146

第一章 施工安全风险辨识与分析

第一节 总 体 要 求

(1)为适应公路水运工程安全生产管理水平不断提升的需要,进一步加强施工安全风险辨识、评估、管控工作,从源头上防范化解重大施工安全风险,有效消除事故隐患,编制本《指南》。

(2)公路水运工程施工安全风险评估的基本程序包括风险辨识与分析、风险分级、风险控制。

(3)风险辨识是指通过对工程施工过程进行系统分解,找出可能存在的致险因素,调查各施工工序潜在风险事件的过程。

(4)风险分析是指采用安全系统工程理论,对致险因素可能导致的风险事件进行分析,找出可能受伤害人员、事故原因等,确定物的不安全状态和人的不安全行为。

(5)风险分级是指采用定量或定性的方法,对风险事件发生的可能性及严重程度进行等级划分。

(6)按照风险事件发生的可能性和后果严重程度,将施工安全风险等级由低到高依次分为低风险(Ⅰ级)、一般风险(Ⅱ级)、较大风险(Ⅲ级)、重大风险(Ⅳ级)四个等级。

(7)公路水运工程施工实施全过程风险分级管控和风险警示告知、监控预警制度。在项目施工阶段根据风险分级结果采取事前预控、事中监控、事后评价的方式,实施动态、循环的风险控制,直至将风险降低到可接受的程度。

(8)对于较大风险(Ⅲ级)和重大风险(Ⅳ级)的作业活动,应在实施风险控制措施、完成典型施工或首件施工后,开展风险控制预期效果评价。风险控制预期效果评价包括对风险控制措施落实情况的确认评价以及采取风险控制措施后预期风险的评价。

第二节 施工安全风险辨识与分析程序

一、工作步骤

风险辨识与分析一般包括5个工作步骤:工程资料的收集整理,施工现场地质水文条件和环境条件的调查(或补充勘察),施工队伍素质和管理制度调查,施工作业程序分解和风险事件辨识,致险因素及风险事件后果类型分析。

风险辨识与分析工作步骤如图 1-1 所示。

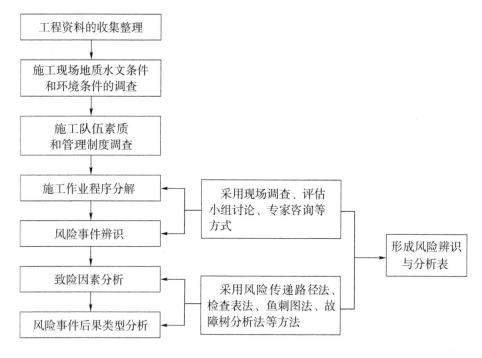

图 1-1　风险辨识与分析工作步骤

(1)风险辨识与分析需收集、整理的相关工程资料主要包括：

①工程的可行性研究报告、环评报告、地质勘察报告，设计风险评估报告(如有)，初步设计文件、施工图设计文件、施工组织设计文件、总体风险评估报告(如有)以及海事、港航、水利、环保等部门发布的与工程建设安全相关的文件；

②工程区域内的环境条件，包括建筑物、构筑物、通航船舶、埋藏物、管道、缆线、民防设施、铁路、公路、外电架空线路、饮用水源、养殖区、生态保护区等可能发生事故的环境要素；

③工程区域内地质、水文、气象等灾害事故资料；

④同类工程事故资料；

⑤其他与风险辨识对象相关的资料；

⑥重要设计变更资料、施工记录文件、监控量测资料、质量检测报告等；

⑦典型施工或首件施工情况、风险控制措施落实情况等。

(2)施工现场地质水文条件和环境条件调查主要包括：

①工程地质条件；

②气候水文条件；

③周边环境条件；

④地质勘察结果(如有)、现场开挖揭露地质情况的差异、周边环境的变化情况等。

(3)施工队伍素质和管理制度调查主要包括：

①企业近五年业绩、近三年信用等级，同类工程经验和施工事故及处理情况；

②施工队伍素质,施工队伍的专业化作业能力、施工装备和技术水平；

③项目各种管理制度是否齐全,是否适用和具有针对性;
④专职安全管理人员配置情况;
⑤人员队伍变化情况、施工装备进出场情况、管理制度落实情况等。

二、施工作业程序分解

路基路面工程的施工作业程序分解可参考《公路工程质量检验评定标准 第一册 土建工程》(JTG F80/1—2017)、施工图设计文件以及施工组织设计等文件,通过现场调查、评估小组讨论、专家咨询等方式,可将路基路面工程施工过程划分为不同的作业活动,一般按照单位工程、分部工程、分项工程、施工工序的层次进行分解。风险评估单元可以是分部工程、分项工程、施工工序,具体可根据需求而定。

三、风险事件辨识

施工作业程序分解后,可参考《企业职工伤亡事故分类》(GB 6441—1986)等文件,通过现场调查、评估小组讨论、专家咨询等方式,辨识各评估单元中可能发生的典型风险事件类型。

四、致险因素分析

在路基路面工程施工中,对于物的不安全状态可能引起的风险事件,一般从地质条件、施工方案、施工环境、施工机械、自然灾害等方面进行分析。对于人的不安全行为可能引起的风险事件,一般从施工操作、作业管理等方面进行分析。

五、风险事件后果类型分析

在路基路面工程施工中,可能受到风险事件伤害的人员类型包括作业人员自身、同一作业场所的其他作业人员、作业场所周围其他人员。风险事件后果类型主要包括人员伤亡和直接经济损失,但不局限于这两类损失。

各作业活动的风险分析可通过评估小组讨论会的形式实施,一般可采用风险传递路径法、检查表法、鱼刺图法、故障树分析法等安全系统工程理论进行分析。

风险辨识与风险分析的结果可填入表1-1。

风险辨识与风险分析表　　　　　表1-1

作业活动	风险事件类型	致害物	致险因素				风险事件后果类型			
			人的因素	物的因素	环境因素	管理因素	受伤害人员类型	人员伤亡	直接经济损失	……
……										
……										
……										

第三节　施工安全风险辨识与分析方法

施工安全风险辨识与分析方法主要包括风险传递路径法、检查表法、鱼刺图法、故障树分析法、专家调查法、失效模式和后果分析法等,常用的方法介绍如下。

一、风险传递路径法

路基路面工程施工安全管理失误的风险传递路径,如图 1-2 所示。

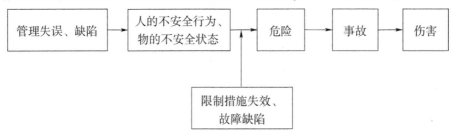

图 1-2　路基路面工程施工安全管理失误风险传递路径

针对路基路面工程施工的特点,对路基路面工程施工安全管理失误风险传递路径细化可知:风险从原因事件向结果事件传递,其表现形式由最初单一的、确定的管理失误分化到若干不同的危险形态并导致事故发生,最终发展到多样的、程度不一的伤害。

二、检查表法

检查表法是指为了查找工程、系统中各种设施、物料、工件、操作、管理和组织措施中的风险因素,事先把检查对象加以分解,将大系统分割成若干子系统,以提问或打分的形式,逐项检查项目列表的方法。

编制检查表所需的资料主要包括:有关标准、规程、规范及规定;国内外事故案例;系统安全分析事例;研究的成果等有关资料。

检查表法是一种以经验为主的方法。风险评估人员从现有的检查表中选取一种适宜的检查表,如果没有具体的、现成的安全检查表可用,评估人员必须借助已有的经验,编制出合适的检查表。

三、鱼刺图法

鱼刺图法是把系统中产生事故的原因及造成的结果所构成的因果关系,采用简单的文字和线条加以全面表示的方法。由于分析图的形状像鱼刺,故称"鱼刺图"。

制作鱼刺图分两个步骤:分析问题的原因及结构,绘制鱼刺图。

(1)分析问题原因及结构。

①针对问题点,选择层别方法(如人员、机器、原料、方法、环境等);

②按头脑风暴分别对各层别找出所有可能原因(因素);

③将找出的各因素进行归类、整理,明确其从属关系;
④分析选取重要因素;
⑤检查各要素的描述方法,确保语言简明、意思明确。
(2)鱼刺图绘制过程。
①填写鱼头(要解决的问题);
②画出主骨(影响结果的主要概况因素);
③画出大骨,填写大要因;
④画出中骨、小骨,填写中小要因。

在绘制鱼刺图时应召集建设、施工、监理、第三方咨询单位(如有)等相关人员共同分析,将所要解决问题遵从面、线、点规律依次细化。

四、故障树分析法

故障树分析法就是将系统的失效事件(称为顶上事件)分解成许多子事件的串、并联组合。在系统中各个基本事件的失效概率已知时,可沿故障树图的逻辑关系逆向求解系统的失效概率。故障树是一种特殊的树状逻辑因果关系图,它用规定的逻辑门和事件符号描述系统中各种事物之间的关系。故障树的编制要求分析人员十分熟悉工程系统情况,包括工作程序、各种参数、作业条件、环境影响因素及过去常发事故情况等。故障树分析流程如图1-3所示。

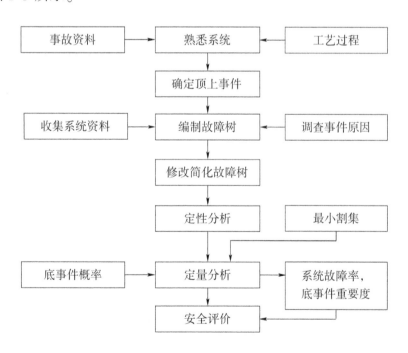

图1-3 故障树分析流程

路基路面工程故障树的绘制如图1-4所示,要分析的对象即为顶上事件(施工安全事故),按逻辑关系可向下罗列顶上事件发生的一级条件及原因(路基路面工程事故),一级是条件及原因转换为一级事件,再向下罗列二级事件及原因($A_1, A_2, \cdots, A_n$ 及 B_1,

$B_2, \cdots, B_n$),依次类推直至事故的基本事件($A_{11}, A_{12}, \cdots, A_{nn}$ 及 $B_{11}, B_{12}, \cdots, B_{nn}$)。现阶段主要以定性评估为主。

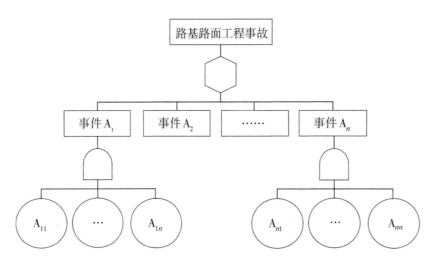

图1-4 路基路面工程故障树

注:故障树符号意义可参考《故障树名词术语和符号》(GB/T 4888—2009)。

第四节 常用风险评估方法的特点

用于工程施工安全风险评估的方法有很多种,从定性和定量角度可以将其分为定性分析方法、半定量分析方法及定量分析方法。

为了清晰地理解各类风险评估方法的特点,便于在工程施工阶段选取合理的评估方法,提高施工安全风险评估的准确性、完整性,总结常用风险评估方法的优缺点及适用范围见表1-2。

常用风险评估方法的优缺点及适用范围　　　　表1-2

分类	名称	优点	缺点	适用范围
定性分析方法	专家调查法（包括头脑风暴法、德尔菲法）	可防止由于专家多而产生当面交流困难、效率低的问题。避免因权威作用或人数多而压倒其他意见,可多次征询意见	由于专家不能当面交流,缺乏沟通,可能会坚持错误意见。由于是函询法,且又多次重复,会使某些专家最后不耐烦而不仔细考虑填写	1.难以借助精确的分析技术而可依靠集体的直观判断进行预测的风险分析问题。 2.问题复杂、专家代表不同的专业并没有交流的历史。 3.受时间、经费限制,或因专家之间存有分歧、隔阂不宜当面交换意见

续上表

分类	名称	优点	缺点	适用范围
定性分析方法	"如果……怎么办"法（if then）	经济有效,可充分发挥专业人员的知识特长、集思广益,可找出一个工程所存在的危险、有害性及其程度,提出消除或降低其危险性、有害性的对策措施,比较醒目、直观	1.该方法要求参与人员要熟悉工艺、设备,并且要收集类似工程的有关情况,以便分析,综合判断。 2.使用该方法对于较大的系统进行分析时,表格数量多,工作量大,且容易产生错漏	该方法既可适用于一个系统,也可以适用于系统中某一环节,适用范围较广。但不适用于较大系统分析,只适用于系统中某一环节或小系统分析
定性分析方法	失效模式和后果分析法	对于一个系统内部每个不见的失效模式或不正常运行模式都可进行详细分析,并推断它对于整个系统的影响,可能产生的后果以及如何才能避免或减少损失	只能用于考虑非危险性失效,花费时间,一般不能考虑各种失效的综合因素	可用在整个系统的任何一级,常用于分析某些复杂的关键设备
半定量分析方法	故障树法	1.对导致灾害事故的各种因素及逻辑关系能作出全面、简洁和形象的描述。 2.便于查明系统内固有的或潜在的各种危险因素,为设计施工和管理提供科学依据。 3.便于进行逻辑运算,进行定性、定量分析和系统评价	步骤较多,计算较复杂	1.应用比较广,非常适合于复杂性较强的系统。 2.在工程设计阶段对事故查询时,都可以使用此法对它们的安全性作出评价。 3.经常用于直接经验较少的危险源辨识
半定量分析方法	事件树法	是一种图解形式,层次清楚、阶段明显,可进行多阶段、多因素复杂事件动态发展过程的分析,预测系统中事故发生的趋势	1.在国内外数据较少,进行定量分析还需做大量的工作。 2.用于大系统时,容易产生遗漏和错误。 3.该方法不能分析平行产生的后果,不能进行详细分析。 4.事件树的大小随着问题中变量个数增加呈指数增长	可以用来分析系统故障、设备失效、工艺异常、人的失误等,应用比较广泛

续上表

分类	名称	优点	缺点	适用范围
半定量分析方法	影响图方法	1.影响图能够明显地表示一个决策分析问题中变量之间的条件独立关系。2.能够清晰地表示变量之间的时序关系、信息关系和概率关系。3.这种图形表示方式适合决策者认识问题的思维过程。4.影响图的网络表示形式便于用计算机存储信息与操作处理	1.节点的边缘概率和节点间的条件概率难得到。2.进行主观概率估计时,可能会违反概率理论	影响图方法与事件树法适用性类似,由于影响图方法比事件树法有更多的优点,因此,也可以应用于较大的系统分析
半定量分析方法	原因-结果分析法	原因-结果分析法实质是事件树法和故障树法的结合使用,因此,它同时具有这两种方法的优点和缺点		其适用性与故障树分析法和事件树法类似,适用于在设计、操作时用来辨识事故的可能结果及原因。不适用于大型系统
半定量分析方法	风险矩阵法	根据系统层次按次序揭示系统、分系统和设备中的危险源,做到不漏任何一项,并按风险的可能性和严重性分类,以便分别按轻重缓急采取措施,更适合现场作业,可以进行定性和定量分析	1.主观性比较强,如果经验不足,会给分析带来麻烦。2.风险严重等级及风险发生频率是研究者自行确定的,存在较大的主观误差	该方法可根据使用的需求对风险等级划分进行修改,使其适用不同的分析系统,但要有一定的工程经验和数据资料做依据。其既可适用于整个系统,又可以适用于系统中某环节
定量分析方法	模糊数学综合评判法	模糊数学综合评判法给出了一个数学模型,它简单、易掌握,是对多因素、多层次的复杂问题评判效果比较好的方法,适用性较广	1.模糊数学综合评判法隶属函数或隶属度的确定、评价因素对评价对象的权重的确定都有很大的主观性,其结果也存在较大的主观性。2.同时对于多因素,多层次的复杂评价,其计算则比较复杂	适用于任何系统的任何环节,其适用性比较广

续上表

分类	名　称	优　点	缺　点	适 用 范 围
定量分析方法	层次分析法	具有适用、简洁、使用方便和系统的特点	对于那种有较高定量要求的决策问题，单纯应用层次分析法的使用过程中，无论建立层次结构还是构造判断矩阵，人的主观判断、选择、偏好对结果的影响极大，判断失误即可能造成决策失误，这就使得用层次分析法进行决策主观成分很大	应用领域较广泛，可以分析社会、经济以及科学管理领域中的问题，但不适用于层次复杂的系统
定量分析方法	蒙特卡罗模拟法	1. 能够用于包括随机变量在内的任何计算类型。 2. 考虑的变量数目不受限制。 3. 用于计算的随机变量可以根据具体数据采用任何分布形式。 4. 可以更有效地发挥专家的作用	1. 能够在实际中采取的模拟系统非常复杂，建立模型很困难。 2. 没有计入风险因素之间的相互影响，使得风险估计结果可能偏小	1. 比较适合在大中型项目中应用。可以解决许多复杂的概率运算问题，以及适合于不允许进行真实试验的场合。对于那些费用高的项目或费时长的试验，具有很好的优越性。 2. 一般只在进行较精细的系统分析时才使用，适用于问题比较复杂，要求精度较高的场合，特别是对少数可行方案实行精选比较时十分必要
定量分析方法	等风险图法	方便直观、简单有效，对任何一个具体项目，只要得到其风险发生概率和风险后果，就可直接得到其风险系数	需要得到风险发生概率和风险后果两个变量值，而这两个值在实际操作中不易得到，需要借助其他分析方法，因此，也含有其他分析方法的缺点。同时，根据等风险图只能确定风险系数位于哪一个区间内，如果想得到具体数值，还需要进行计算	该方法适用于对结果要求精确度不高，只需要进行粗略分析的项目，同时，如果只进行一个项目一个方案分析，该方法相对烦琐，所以该方法适用于多个类似项目同时分析或一个项目的多个方案比较分析时使用

续上表

分类	名 称	优 点	缺 点	适 用 范 围
定量分析方法	神经网络方法	具有很强的学习能力、抗故障性和并行性	神经网络综合评估模型在已知数据不足或无法准确构造训练样本集的情况下,需要结合其他综合评估方法得到训练样本集,才能实现对网络的训练	1. 适用于预测问题,原因和结果的关系模糊的场合。 2. 适用于模式辨识,设计模糊信息的场合。 3. 适用于不一定非要得到最优解,主要是快速求得与之相近的次优解的场合。 4. 适用于组合数量非常多,实际求解集合不可能的场合。 5. 适用于对非线性很高的系统进行控制的场合
定量分析方法	主成分分析法	能将多个指标转化为少数几个指标进行降维处理。能够将指标之间的关联性考虑在内,但计算比较简单。在大样本的情况下,个别样本对主成分的影响不会很大	评价标准的不可继承性;评价工作的盲目性;评价结果和评价指导思想的矛盾性;需借助较多的统计资料	主成分分析法可适用于各个领域,但其结果只是在比较相对大小时才有意义
综合分析方法	专家信心指数法	具有德尔菲法的优点,一定程度上克服了德尔菲法受个人主观因素影响大的缺点	同德尔菲法	同德尔菲法
综合分析方法	模糊层次综合评估方法	1. 同时拥有层次分析法和模糊数学综合评判法的优点。 2. 该方法克服了模糊数学综合评判法中评价因素对评价对象的权重确定主观性强等缺点	除了模糊数学综合评判法权重确定具有主观性缺点之外,同时具有层次分析法和模糊数学综合评判法的缺点	适用范围与模糊数学综合评判法一致
综合分析方法	模糊故障树分析法	兼有模糊数学综合评判法和故障树分析法的优点。避免了对统计资料的强烈依赖性,为事故概率的估计提供了新思路	除了对统计资料的强烈依赖性之外,同时具有模糊数学综合评判法和故障树分析法的缺点	适用范围与故障树分析法相同,与故障树分析法相比,更适用于那些缺乏基本统计数据的项目

第二章 施工安全风险分级

在路基路面工程施工中,作业活动按照复杂程度分为一般作业活动和重大作业活动。常用的作业活动分级方法包括检查表法、LC法、LEC法(作业条件危险性评价法)、专家调查法、指标体系法等。

第一节 一般作业活动风险分级

一般作业活动风险分级可采用定性(如检查表法)或半定量方法(如LC法和LEC法)。以风险描述方式将一般作业活动的风险分级情况汇总,填入表2-1。

一般作业活动风险分级汇总表　　　　　　表2-1

一般作业活动	风险描述	理　由
一般作业活动1		
……		
一般作业活动N		

第二节 重大作业活动风险分级

重大作业活动风险分级可采用定性与定量相结合的方法。风险事件后果严重程度的分级一般采用专家调查法,风险事件可能性的分级一般采用指标体系法。

一、风险事件后果严重程度

风险事件后果严重程度的等级分为5级,主要考虑人员伤亡和直接经济损失。当多种后果同时产生时,采用就高原则确定风险事件后果严重程度等级。

(1)人员伤亡程度等级划分依据人员伤亡的类别和严重程度进行分级,见表2-2。

人员伤亡程度等级标准范例(单位:人)　　　　　　表2-2

等　级	定性描述	死亡人数 ND	重伤人数 NSI
1	小	—	$1 \leqslant NSI < 5$
2	一般	$1 \leqslant ND < 3$	$5 \leqslant NSI < 10$
3	较大	$3 \leqslant ND < 10$	$10 \leqslant NSI < 50$
4	重大	$10 \leqslant ND < 30$	$50 \leqslant NSI < 100$
5	特大	$ND \geqslant 30$	$NSI \geqslant 100$

(2)直接经济损失程度等级划分可依据经济损失或经济损失占项目建安费的比例进行分级;对于工程造价较低的公路水运工程,采用"经济损失占项目建安费的比例"这一相对指标进行判定。经济损失和经济损失占项目建安费的比例的等级划分见表2-3。

直接经济损失程度等级标准 表2-3

等级	定性描述	经济损失 Z(万元)	经济损失占项目建安费的比例 P_r(%)
1	小	$Z < 100$	$P_r < 1$
2	一般	$100 \leq Z < 1000$	$1 \leq P_r < 2$
3	较大	$1000 \leq Z < 5000$	$2 \leq P_r < 5$
4	重大	$5000 \leq Z < 10000$	$5 \leq P_r < 10$
5	特大	$Z \geq 10000$	$P_r \geq 10$

二、风险事件可能性

物的不安全状态、人的不安全行为以及两者的组合所导致的风险事件可能性等级分为5级,见表2-4。

风险事件可能性等级标准 表2-4

可能性等级描述	可能性等级	可能性等级描述	可能性等级
很可能	5	可能性很小	2
可能	4	几乎不可能	1
偶然	3		

物的不安全状态引起的风险事件可能性评估指标,根据可能发生的风险事件类型,从本质安全的角度出发,分析可能导致风险事件发生的致险因素,在此基础上选取提出。评估指标一般从工程自身特点、地质条件、气象水文条件、施工方案、施工作业环境等方面提出。

人的不安全行为引起的风险事件可能性评估指标一般采用安全管理评估指标,一般从企业资质、分包情况、作业班组及技术管理人员经验、安全管理人员配备、安全生产费用、机具设备配置及管理、施工组织设计、专项施工方案、企业工程业绩及信用情况等方面提出。

评估指标分值一般按式(2-1)进行计算。根据计算分值,对照表2-5找出安全管理调整系数(λ)。在对每个重大作业活动进行风险分级时,分别计算相应的安全管理调整系数。

$$M = A + B + C + D + E + F + G + H + I + J + K \tag{2-1}$$

式中:M——安全管理评估分值;

A——总包企业资质评估指标分值;

B——专业分包评估指标分值;

C——劳务分包评估指标分值;

D——作业班组经验评估指标分值;

E——项目技术管理人员经验评估指标分值;

F——项目安全管理人员配备评估指标分值;

G——安全生产费用评估指标分值;

H——船机设备配置及管理评估指标分值;

I——施工组织设计或专项施工方案评估指标分值;

J——企业工程业绩评估指标分值;

K——企业信用评价等级评估指标分值。

注:评估小组可结合工程实际情况、项目管理模式等,补充具体的评估指标。

安全管理评估指标分值与安全管理调整系数对照表 表2-5

安全管理评估指标分值 M	安全管理调整系数 λ	安全管理评估分值 M	安全管理调整系数 λ
$M \geq 16$	1.1	$7 \leq M < 10$	0.95
$13 \leq M < 16$	1.05	$M < 7$	0.9
$10 \leq M < 13$	1		

路基路面工程施工风险事件可能性大小按公式(2-2)计算确定。

$$P = \lambda \times \sum X_{ij} = \lambda \times \sum R_{ij} \times \gamma_{ij} \tag{2-2}$$

式中:P——风险事件可能性评估分值;

λ——安全管理调整系数,按表2-5取值;

X_{ij}——评估指标的分值,$i=1,2,\cdots,m,j=1,2,\cdots,n$;其中 m 为项别的数量,n 为对应第 i 个项别包括的评估指标的数量;

R_{ij}——评估指标的基本分值,$i=1,2,\cdots,m,j=1,2,\cdots,n$;其中 m 为项别的数量,n 为对应第 i 个项别包括的评估指标的数量;

γ_{ij}——权重系数,$i=1,2,\cdots,m,j=1,2,\cdots,n$;其中 m 为项别的数量,n 为对应第 i 个项别包括的评估指标的数量。

计算得到 P 后,根据 P 值对照表2-6,确定各重大作业活动发生风险事件的可能性等级。

风险事件可能性等级标准 表2-6

可能性等级描述	可能性等级[①]	P
很可能	5	$P > 60$
可能	4	$45 < P \leq 60$
偶然	3	$30 < P \leq 45$
可能性很小	2	$15 < P \leq 30$
几乎不可能	1	$P \leq 15$

注:①若出现1个或多个重要性指标(评估小组集体讨论确定)取最大值,可调高一个可能性等级。

三、施工安全风险等级

根据风险事件发生的可能性、后果严重程度等级,可采用风险矩阵法确定重大作业活动的施工安全风险等级,划分标准见表2-7。

施工安全风险等级标准　　表2-7

可能性等级		严重程度等级				
		小	一般	较大	重大	特大
		1	2	3	4	5
很可能	5	较大风险（Ⅲ）	较大风险（Ⅲ）	重大风险（Ⅳ）	重大风险（Ⅳ）	重大风险（Ⅳ）
可能	4	一般风险（Ⅱ）	较大风险（Ⅲ）	较大风险（Ⅲ）	重大风险（Ⅳ）	重大风险（Ⅳ）
偶然	3	一般风险（Ⅱ）	一般风险（Ⅱ）	较大风险（Ⅲ）	较大风险（Ⅲ）	重大风险（Ⅳ）
可能性很小	2	低风险（Ⅰ）	一般风险（Ⅱ）	一般风险（Ⅱ）	较大风险（Ⅲ）	较大风险（Ⅲ）
几乎不可能	1	低风险（Ⅰ）	低风险（Ⅰ）	一般风险（Ⅱ）	一般风险（Ⅱ）	较大风险（Ⅲ）

在路基路面工程施工中，可将风险等级用不同颜色在施工形象进度图中标识出来，形成"红橙黄蓝"四色施工安全风险分布图。以列表方式汇总重大作业活动风险等级，可填入表2-8。

重大作业活动风险等级汇总表　　表2-8

重大作业活动	风险事件可能性等级	风险事件后果严重程度				风险等级
		人员伤亡	直接经济损失	……	风险事件后果严重程度等级	
重大作业活动1						
……						
重大作业活动N						

四、风险接受准则与控制措施

对于重大作业活动，一般根据不同的风险等级提出接受准则和分级控制措施，见表2-9。

重大作业活动风险接受准则与控制措施　　表2-9

风险等级	接受准则	控制措施	分级控制措施			
等级Ⅰ（低风险）	可忽略	不需采取特别的风险防控措施	日常管理	—	—	—
等级Ⅱ（一般风险）	可接受	需采取风险防控措施，严格日常安全生产管理，加强现场巡视	日常管理	监控预警	专项整治	—
等级Ⅲ（较大风险）	不期望	应采取措施降低风险，将风险至少降低到可接受的程度	日常管理	监控预警	多方面专项整治	应急预案、应急准备
等级Ⅳ（重大风险）	不可接受	应暂停开工或施工；同时采取措施，综合考虑风险成本、工期及规避效果等，按照最优原则，将风险至少降低到可接受的程度，并加强监测和应急准备	日常管理	监控预警	暂停开工或施工、全面整治	应急预案、应急准备

第三节　施工安全风险分级方法

施工安全风险分级方法主要包括 LC 法、LEC 法（作业条件危险性评价法）、专家调查法、指标体系法、检查表法、风险矩阵法等，常用的方法介绍如下。

一、LC 法

根据《公路水路行业安全生产风险辨识评估管控基本规范（试行）》，风险等级大小（D）由风险事件发生的可能性（L）、后果严重程度（C）两个指标决定，见式(2-3)。

$$D = L \times C \tag{2-3}$$

1. 可能性分级标准

可能性统一划分为 5 个级别，分别是极高、高、中等、低、极低。可能性判断标准表见表 2-10。

可能性判断标准　　表 2-10

序　号	可能性级别	发生的可能性	取值区间
1	极高	极易	(9,10]
2	高	易	(6,9]
3	中等	可能	(3,6]
4	低	不大可能	(1,3]
5	极低	极不可能	(0,1]

注：1. 可能性指标取值为区间内的整数或最多一位小数。
　　2. 区间符号"[　]"包括"等于"，"(　)"不包括"等于"。

2. 后果严重程度分级标准

后果严重程度统一划分为四个级别，分别是特别严重、严重、较严重、不严重。后果严重程度判断标准见表 2-11，后果严重程度等级取值见表 2-12。

后果严重程度判断标准　　表 2-11

后果严重程度	后果严重程度总体判断标准定义
特别严重	1. 人员伤亡：可能发生人员伤亡数量达到国务院《生产安全事故报告和调查处理条例》中特别重大事故伤亡标准； 2. 经济损失：可能发生经济损失达到国务院《生产安全事故报告和调查处理条例》中特别重大事故经济损失标准； 3. 环境污染：可能造成特别重大生态环境灾害或公共卫生事件； 4. 社会影响：可能对国家或区域的社会、经济、外交、军事、政治等产生特别重大影响

续上表

后果严重程度	后果严重程度总体判断标准定义
严重	1. 人员伤亡：可能发生人员伤亡数量达到国务院《生产安全事故报告和调查处理条例》中重大事故伤亡标准； 2. 经济损失：可能发生经济损失达到国务院《生产安全事故报告和调查处理条例》中重大事故经济损失标准； 3. 环境污染：可能造成重大生态环境灾害或公共卫生事件； 4. 社会影响：可能对国家或区域的社会、经济、外交、军事、政治等产生重大影响
较严重	1. 人员伤亡：可能发生人员伤亡数量达到国务院《生产安全事故报告和调查处理条例》中较大事故伤亡标准； 2. 经济损失：可能发生经济损失达到国务院《生产安全事故报告和调查处理条例》中较大事故经济损失标准； 3. 环境污染：可能造成较大生态环境灾害或公共卫生事件； 4. 社会影响：可能对国家或区域的社会、经济、外交、军事、政治等产生较大影响
不严重	1. 人员伤亡：可能发生人员伤亡数量达到国务院《生产安全事故报告和调查处理条例》中一般事故伤亡标准； 2. 经济损失：可能发生经济损失达到国务院《生产安全事故报告和调查处理条例》中一般事故经济损失标准； 3. 环境污染：可能造成一般生态环境灾害或公共卫生事件； 4. 社会影响：可能对国家或区域的社会、经济、外交、军事、政治等产生较小影响

注：表中同一等级的不同后果之间为"或"关系，即满足条件之一即可。

后果严重程度等级取值 表2-12

后果严重程度等级	后果严重程度取值	后果严重程度等级	后果严重程度取值
特别严重	10	较严重	2
严重	5	不严重	1

3. 风险等级评估标准

风险等级（D）取值区间见表2-13。

风险等级取值区间 表2-13

风 险 等 级	风险等级取值区间	风 险 等 级	风险等级取值区间
重大风险（Ⅳ级）	(55,100]	一般风险（Ⅱ级）	(5,20]
较大风险（Ⅲ级）	(20,55]	低风险（Ⅰ级）	(0,5]

注：区间符号"[ ]"包括"等于"，"( )"不包括"等于"。

二、LEC法

LEC法是根据作业人员在具有潜在危险性环境中作业，用与作业风险有关的三种因素指标值的乘积来评价风险的方法。

LEC法的评价步骤介绍如下：

(1)组成专家组。

(2)对于一个具有潜在危险性的作业条件,确定事故类型,找出影响危险性的主要因素:事故发生的可能性(L);人员暴露于危险环境的频繁程度(E);发生事故可能造成的后果(C)。

(3)由专家组成员按规定标准对L、E、C分别评估,取分值集的平均值作为L、E、C的计算分值。用计算的危险性分值(D)来评价作业条件的危险性等级。其计算公式为:

$$D = L \times E \times C \tag{2-4}$$

式中:L——事故发生的可能性大小,取值见表2-14;

E——人员暴露于危险环境的频繁程度,取值见表2-15;

C——发生事故可能造成的后果,取值见表2-16;

D——危险性分值,确定危险等级的划分标准见表2-17。

事故发生的可能性分值(L) 表2-14

分数值	10	6	3	1	0.5	0.2	0.1
事故发生的可能性	完全会被预料到	相当可能	可能,但不经常	完全意外,可能小	可以设想,不太可能	极不可能	实际上不可能

暴露于危险环境的频繁程度分值(E) 表2-15

分数值	10	6	3	2	1	0.5
暴露于危险环境的频繁程度	连续暴露	每天工作时间内暴露	每周一次或偶然暴露	每月暴露一次	每年暴露几次	非常罕见暴露

事故造成的后果分值(C) 表2-16

分数值	100	40	15	7	3	1
事故造成的后果	10人以上死亡	3人以上,9人以下死亡	1人死亡	严重伤残	有伤残	轻伤,需救护

危险性等级划分标准(D) 表2-17

危险性分数值	≥320	[160,320)	[70,160)	[20,70)	<20
危险程度	极度危险,不能继续作业	高度危险,需要整改	显著危险,需要整改	比较危险,需要注意	稍有危险,可以接受
危险等级	5	4	3	2	1

一般情况下,事故发生的可能性越大,风险越大;暴露于危险环境的频繁程度越大,风险越大;事故产生的后果越大,风险越大。运用LEC法进行分析时,危险等级为1~2级的,可确定为属于可接受的风险;危险等级为3~5级的,则确定为属于不可接受的风险。

三、专家调查法

专家调查法,是专家针对工程复杂程度、施工环境、地质条件、气象水文、资料完整性等内容,分别进行风险评估,再综合各专家的评估结果提出评估小组的评估结果。专家类似工作经验,对评估结果的影响极大。考虑到专家所从事的专业不同,为防止对不熟悉的内容评估不合理,一般引入专家信心指数对评估结果进行调整。

所谓信心指数就是专家在作出相应判断时的信心程度,也可以理解为该数据的客观可靠程度。这意味着将由专家自己进行数据的可靠性或客观性评价,这就会大幅提高数据的可用性,也可以扩大数据采集对象的范围。通过这种方法,可以挖掘出专家调研数据的深层信息,即使数据采集对象并非该领域的专家,只要他对所作出的判断能够有一个正确的评价,那么这个数据就应该视为有效信息。

根据表2-18,每位专家分别对每个项别给出专家信心指数(W_i),按式(2-5)计算出每位专家的评估结果(D_r),将D_r累加再除以专家总数得出平均值($\overline{D}_r$),作为评估小组的评估结果,按表2-19划分施工安全风险等级。

专家信心指数 表2-18

信心描述	对评估内容非常熟悉,对评估结果很有信心	对评估内容比较熟悉,对评估结果比较有信心	对评估内容有一定了解,对评估结果有一定信心	对评估内容不太了解,对评估结果基本没把握
专家信心指数	0.9~1	0.7~0.9	0.4~0.7	0.1~0.4

$$D_r = \frac{\sum(W_i \times R_i)}{\sum W_i} \quad (2-5)$$

式中:R_i——每个项别的风险等级评估分值(1~4);

W_i——每个项别的专家信心指数;

D_r——每位专家的评估结果。

确定风险等级 表2-19

$\overline{D}_r$值区间	风险等级	$\overline{D}_r$值区间	风险等级
$\overline{D}_r \geq 3.5$	重大风险(Ⅳ)	$2.5 > \overline{D}_r \geq 1.5$	一般风险(Ⅱ)
$3.5 > \overline{D}_r \geq 2.5$	较大风险(Ⅲ)	$\overline{D}_r < 1.5$	低风险(Ⅰ)

四、指标体系法

指标体系法选取指标一般遵循以下原则:

(1)科学性。指标能客观和真实地反映施工安全风险的大小。

(2)层次性。对于复杂的评估问题,采用分层处理的方法不仅结构清晰,易于理解和分析,而且逻辑性和科学性强。因此,评估指标构建时应进行层次性分解。

(3)全面性。选取的指标尽可能涵盖影响施工安全风险的各个方面,重要指标没有遗漏。

(4)代表性。指标便于定性描述和定量分级。

(5)独立性。各指标之间相互独立,保证同一指标因素不会重复计算。

评估小组根据影响施工安全风险的主要因素,将其分为多个项别,对每个项别细分提出若干评估指标,并确定指标的分级区间及对应的基本分值范围,从而建立评估指标体系。

评估指标取值首先由评估小组根据工程实际情况和指标分级情况,确定指标所在的分级区间,在分级区间的分值范围内,采用插值法等方法,集体讨论确定指标的分值。在确定指标所在的分级区间时,遵循最不利原则,越不利的情况取值越大。

权重系数反映了评估指标对风险影响的程度,目前还没有一种方法能准确确定其数值。权重系数可综合运用多种方法进行确定,如重要性排序法、层次分析法、复杂度分析法等,必要时可采用多种方法确定权重并进行比对。

重要性排序法是目前确定权重方法中最简单又相对科学的一种方法。重要性排序法是对评估指标按重要性排序(即确定指标权重的过程),视相邻指标权重系数差值相同,具有一定的合理性和科学性。采用重要性排序法,可根据表2-20选取权重系数进行简化处理。当出现两个或多个指标重要性相同时,则其指标权重可根据表2-20确立的权重系数进行均等化处理。

重要性排序法权重系数 表2-20

指标项目数量	权重系数	第1项	第2项	第3项	第4项	第5项	第6项	第7项	第8项	第9项	第10项	第11项	第12项	第13项	总权重
第1项	γ	1.00													$\sum\gamma=1$
第2项	γ	0.75	0.25												$\sum\gamma=1$
第3项	γ	0.56	0.33	0.11											$\sum\gamma=1$
第4项	γ	0.44	0.31	0.19	0.06										$\sum\gamma=1$
第5项	γ	0.36	0.28	0.20	0.11	0.05									$\sum\gamma=1$
第6项	γ	0.31	0.25	0.19	0.14	0.08	0.03								$\sum\gamma=1$
第7项	γ	0.27	0.22	0.18	0.14	0.10	0.06	0.03							$\sum\gamma=1$
第8项	γ	0.23	0.20	0.17	0.14	0.11	0.08	0.05	0.02						$\sum\gamma=1$
第9项	γ	0.21	0.19	0.16	0.14	0.11	0.09	0.06	0.03	0.01					$\sum\gamma=1$
第10项	γ	0.19	0.17	0.15	0.13	0.11	0.09	0.07	0.05	0.03	0.01				$\sum\gamma=1$
第11项	γ	0.17	0.16	0.14	0.12	0.11	0.09	0.07	0.06	0.04	0.03	0.01			$\sum\gamma=1$
第12项	γ	0.16	0.15	0.13	0.12	0.10	0.09	0.08	0.06	0.05	0.03	0.02	0.01		$\sum\gamma=1$
第13项	γ	0.15	0.14	0.12	0.11	0.10	0.09	0.08	0.06	0.05	0.04	0.03	0.02	0.01	$\sum\gamma=1$

在采用重要性排序法确定权重系数时,评估小组通过工程类比分析,集体讨论等方式,结合工程实际情况,合理选取或补充评估指标并对其重要性进行排序。评估指标个数的选取一般不超过13个。

评估小组集体讨论确定并标识出重要性指标。重要性指标包括权重大、对施工安全风险影响不能忽略的指标,指标取值变化会对评估结果影响大的敏感指标,若干指标组合后对风险影响大的指标等。

第三章 路基路面工程常见施工作业程序分解

第一节 路基工程施工作业程序分解

路基工程主要包括软土地基处理、小型构造物、路基土石方、防护工程等施工内容。表3-1列出了常见的路基工程的施工作业程序分解。

路基工程施工作业程序分解 表3-1

分部工程	分项工程	施工工序
软土地基处理	水泥搅拌桩施工	场地整平→测量放样→桩机就位→钻进复搅→桩机移位
	PC管桩施工	场地整平→测量放样→桩机就位→桩体插打→桩机移位
	碎石桩	场地整平→测量放样→桩机就位→桩体施工→桩机移位
	沟塘回填	排水→测量放样→沟塘清淤→布料整平→拌和碾压
小型构造物	圆管涵	测量放样→基坑开挖→垫层回填→底板浇筑→管节制作与安装→护肩与摸带施工→端墙洞口施工
	箱涵	测量放样→基坑开挖→垫层回填→钢筋制作与安装→底板浇筑→支架搭设→模板安装→钢筋制作与安装→墙身与顶板浇筑→拆模→养生
	盖板涵	测量放样→基坑开挖→垫层回填→底板浇筑→模板安装→墙身浇筑→拆模→养生→盖板制作与安装
	通道	测量放样→基坑开挖→垫层回填→钢筋制作与安装→底板浇筑→支架搭设→模板安装→钢筋制作与安装→墙身与顶板浇筑→拆模→养生
路基土石方	路基挖方(土方、石方)	测量放样→场地清理→开挖→运输→边坡整修
	路基填方(土方、石方)	测量放样→清表→布料→初平→掺灰→拌和→精平→碾压
防护工程	高边坡	测量放样→边坡整修→钻孔→锚杆(索)安装→框架梁钢筋制作与安装→模板安装与混凝土浇筑
	挡土墙	测量放样→基坑开挖→垫层回填→基础施工→墙身钢筋制作与安装→模板安装→混凝土浇筑→模板拆除
	圬工防护	测量放样→构建预制→构件运输→构件安装

第二节 路面工程施工作业程序分解

路面工程主要包括水泥稳定碎石(底基层、基层)、沥青下封层、桥面防水层、沥青下面层、沥青中面层、沥青上面层、水泥混凝土路面、老路面拼宽、中央分隔带、路肩排水等施工内容。表3-2列出了常见的路面工程的施工作业程序分解。

路面工程施工作业程序分解 表3-2

分部工程	分项工程	施工工序
路面工程	水泥稳定碎石(底基层、基层)	混合料拌和→运输→立模→摊铺→碾压→覆盖养生→设备转场
	沥青下封层	交通管制→下承层清理→沥青与石料洒(撒)布→碾压
	桥面防水层	交通管制→桥面抛丸(精铣刨)→桥面清理→SBS改性沥青与集料洒(撒)布→碾压
	沥青下面层	混合料拌和→运输→摊铺→碾压→设备转场→交通管制
	沥青中面层	混合料拌和→运输→摊铺→碾压→设备转场→交通管制
	沥青上面层	混合料拌和→运输→摊铺→碾压→设备转场→交通管制
	水泥混凝土路面	立模→拉杆与传力杆安装→混凝土拌和→运输→浇筑→养生→交通管制
	老路面拼宽	交通防护→台阶处理→混合料拌和→运输→摊铺→碾压→设备转场→交通管制
	中央分隔带	中央分隔带开挖→防水施工→盲沟与砂垫层施工→纵向排水管埋设→管线布设→路缘石运输和安装→土方回填→苗木种植
	路肩排水	路肩填筑→整平立模→混凝土拦水带浇筑

第四章 路基路面工程施工典型风险事件类型

第一节 路基工程施工典型风险事件类型

表4-1列出了路基工程施工典型风险事件类型。

路基工程施工典型风险事件类型　　　　　表4-1

分部工程	评估单元	物体打击	车辆伤害	机械伤害	起重伤害	触电	淹溺	高处坠落	坍塌	爆炸	涌水突泥
软土地基处理	水泥搅拌桩施工		√	√	√	√		√		√	
	PC管桩施工	√	√	√	√	√		√			
	碎石桩	√	√	√	√	√		√			
	沟塘回填		√	√			√		√		
小型构造物	圆管涵	√	√		√	√	√		√		
	箱涵	√	√	√	√	√	√	√	√		
	盖板涵	√	√	√	√	√	√	√	√		
	通道	√	√	√	√	√	√	√	√		
路基土石方	路基挖方(土方、石方)	√	√	√				√	√	√	
	路基填方(土方、石方)	√	√	√							
防护工程	高边坡	√	√	√	√	√		√	√	√	√
	挡土墙	√	√	√		√			√	√	
	圬工防护	√	√	√		√					

注："√"表示可能发生该风险事件。

第二节 路面工程施工典型风险事件类型

表 4-2 列出了路面工程施工典型风险事件类型。

路面工程施工典型风险事件类型　　　　表 4-2

分部工程	评估单元	物体打击	车辆伤害	机械伤害	起重伤害	触电	高处坠落	火灾	灼烫
路面工程	水泥稳定碎石(底基层、基层)		√	√		√	√		
	沥青下封层		√	√				√	
	桥面防水层		√	√				√	√
	沥青下面层		√	√		√	√	√	√
	沥青中面层		√	√		√	√	√	√
	沥青上面层		√	√		√	√	√	√
	水泥混凝土路面		√	√		√	√		
	老路面拼宽		√	√		√	√	√	√
	中央分隔带	√	√	√	√				
	路肩排水		√	√					

第五章 路基路面工程施工主要安全风险分析

第一节 软土地基处理施工主要安全风险分析

软土地基处理主要包括水泥搅拌桩施工、PC管桩施工、碎石桩、沟塘回填等施工内容，从人的因素、物的因素、环境因素及管理因素分析致险因素，结果见表5-1。

软土地基处理施工主要安全风险分析   表5-1

施工作业内容	典型风险事件	致害物	致险因素				风险事件后果类型				
			人的因素	物的因素	环境因素	管理因素	易导致伤亡人员类型		人员伤害		
							本人	他人	轻伤	重伤	死亡
水泥搅拌桩施工	车辆伤害	水泥罐车、设备运输车等	1.不当操作造成车辆安全装置失效，人员冒险进入危险场所（车辆倾倒区域）；2.车辆冒险进入边坡、临边位置，有分散注意力行为；3.施工人员违章违规；4.现场指挥、警戒不当；5.管理令冒险作业（进入挥、强令冒险作业（进入驾驶员视野盲区等）；	1.运输车辆未经检验或有缺陷；2.施工场地环境不良（如照明不佳、场地湿滑等）；3.个人防护用品用具缺少或有缺陷；4.安全警示标志、护栏等安全装置缺乏或有缺陷，车辆操作人员无上岗资格证；5.运输道路承载力不足；	1.场地受限；2.道路不符合要求；3.大风、暴雨、低温等恶劣天气；4.不稳定坡体	1.技术上的缺陷；2.操作者生理、心理上的缺陷；3.安全教育、交底不到位；4.管理上的缺失；5.未对车辆设备、安全防护用品等进行验收或验收不到位；6.车辆安全管理制度不完善或安全管理（检查、维护保养）不到位；	√	√	√	√	√

第五章 路基路面工程施工主要安全风险分析

续上表

施工作业内容	典型风险事件	致害物	致险因素				风险致伤亡人员类型		人员伤亡后果类型		
			人的因素	物的因素	环境因素	管理因素	本人	他人	轻伤	重伤	死亡
	车辆伤害	水泥罐车、设备运输车等	6.机驾人员未持有效证件上岗,机驾作业违规操作错误,违章驾驶(违规载人,酒后、超速、超限); 7.机驾人员身体健康状况异常、心理异常、感知异常(反应迟钝、辨识错误); 8.机驾人员疲劳作业; 9.现场作业人员未正确使用安全防护用品(反光背心、安全帽等)	6.现场无警示标识或标牌破损(警戒区、标牌、反光锥等); 7.车辆带病作业(制动装置、喇叭、后视镜、警示灯等设施缺陷); 8.车辆作业安全距离不足		7.安全操作规程不规范或未落实(作业前未对车辆周围环境进行检查)	√	√	√	√	√
水泥搅拌桩施工	机械伤害	挖掘机、推土机、装载机、水泥搅拌桩机等	1.人员违章进入危险区域(机械作业半径); 2.管理人员违章指挥,强令冒险作业; 3.机械操作人员未持有效证件上岗; 4.机械操作错误、违章作业(违规载人,酒后作业); 5.操作人员身体健康状况异常、心理异常、感知异常(反应迟钝、辨识错误); 6.现场作业人员未正确使用安全防护用品(反光背心、安全帽等); 7.机械操作人员疲劳作业	1.现场无警示标识或标牌破损(警戒区、标牌、反光锥等); 2.设备设施破损或距离不够; 3.设备设施带病作业(设备运转制动装置失效,设施或防护装置无防护或防护装置缺陷等); 4.安全防护用品(反光背心、安全帽、护目镜等)不合格	1.强风、暴雨、大雪、大雾等不良天气; 2.作业场地狭窄不平整,道路湿滑; 3.夜间施工照明不足	1.机械设备安全管理制度不完善或未落实(检查、维修、保养不到位); 2.未对机械设备、安全防护用品等进行进场验收或验收不到位; 3.安全教育、培训、交底制度不完善或未落实; 4.机械设备操作规程不规范或未落实; 5.安全投入不足	√	√	√	√	√

续上表

施工作业内容	典型风险事件	致害物	致险因素			风险事件后果类型			
			人的因素	物的因素	环境因素	管理因素	易导致伤亡人员类型	人员伤亡	
							本人 / 他人	轻伤 / 重伤 / 死亡	

施工作业内容	典型风险事件	致害物	人的因素	物的因素	环境因素	管理因素	本人	他人	轻伤	重伤	死亡
水泥搅拌桩施工	起重伤害	起重设备、吊起的材料、吊具、吊索	1.人员违章进入危险区域；2.管理人员违章指挥，违令冒险作业，信号工或指挥错误（无司索信号人员，强令工或指挥错误等）；3.起重作业人员、司索信号工未持有效证件上岗；4.起重作业人员操作错误，违章作业（酒后作业、支腿未全部打开，支腿未垫枕木等）；5.起重作业人员身体健康状况异常、心理异常、感知异常（反应迟钝、辨识错误）；6.作业人员疲劳作业；7.现场作业人员未正确使用安全防护用品（反光背心、安全帽等）	1.现场无警示标识或标识破损（警戒区、标牌、反光锥等）；2.吊索、吊具不合格或达到报废标准（钢丝绳、吊带、U形卸扣等）；3.支垫材料（枕木、钢板等）不合格；4.无防护或防护装置缺陷（防脱钩装置、限位装置等）；5.起重机带病作业（制动装置）；6.安全防护用品（反光背心、安全帽等）不合格；7.指挥信号不清、错误	1.雷雨大风（6级以上）、大雾等恶劣天气，作业场地承载力不足；2.作业场地不平整；3.夜间施工照明不足	1.起重吊装专项施工方案不完善或未落实；2.设备设施安全管理制度不完善或维护保养不到位（检查维护保养不到位）；3.起重吊装安全操作规程不规范或落实不到位；4.安全教育，培训，交底，检查制度不落实；5.未对机械设备，安全防护用品等进行进场验收或验收不到位；6.安全投入不足	√	√		√	√

续上表

施工作业内容	典型风险事件	致害物	致险因素				风险事件后果类型				
			人的因素	物的因素	环境因素	管理因素	易导致伤亡人员类型		人员伤亡		
							本人	他人	轻伤	重伤	死亡
水泥搅拌桩施工	触电	破损的电缆、破损漏电的电气设施设备	1.作业人员未正确使用安全防护用品（绝缘鞋、绝缘手套等）；2.作业人员操作错误或违章作业（带电检修维护）；3.管理人员违章指挥、强令冒险作业；4.电工未持有效证件上岗；5.作业人员疲劳作业	1.电缆线、配电箱等电气设施（线路破损、老化）不合格；2.电气设施设置不规范（电缆拖地、配电箱无支架等）；3.带电设施无警示标识或标识破损；4.安全防护装置不规范（未接地、无漏电保护器、接线端子无防护罩等）；5.防护不当，防护距离不足（配电柜、发电机无遮雨棚、防护间距或防护罩损坏）；6.振捣棒等设备损坏漏电	1.强风、雷雨、大雪等不良天气；2.作业场地杂乱、潮湿或积水；3.作业场地照明不足	1.临时用电方案不完善或未落实；2.发电机等安全操作规程不规范或规程未落实；3.电气设施材料等未进行进场验收；4.电工未对用电设施进行巡查或巡查不到位；5.机械设备安全管理制度未落实（发电机、振捣棒等机具检查维护保养不到位）；6.安全教育、培训、交底、检查制度不完善或未落实；7.安全投入不足	√	√	√	√	√

续上表

施工作业内容	典型风险事件	致害物	致险因素				风险事件后果类型				
			人的因素	物的因素	环境因素	管理因素	易导致伤亡人员类型		人员伤亡		
							本人	他人	轻伤	重伤	死亡
水泥搅拌桩施工	高处坠落	无防护的高处作业	1. 管理人员违章指挥、强令冒险作业；2. 人员身体健康状况异常、心理异常，感知异常（高血压、恐高症等）、反应迟钝，辨识错误作业人员操作错误或违章作业（人员酒后作业）；3. 作业人员未正确使用安全防护用品（安全带、防滑鞋等）；4. 人员疲劳作业	1. 安全防护用品质量不合格，存在缺陷；2. 现场无警示标识或标识破损；3. 高处作业场所未设置安全防护等措施（安全绳索）；4. 未设置人员上下安全爬梯或设置不规范	1. 作业环境不佳、场地湿滑、不平；2. 6级以上大风、雷电、暴雨等恶劣天气；3. 夜间施工照明不足	1. 安全教育、培训、交底、检查制度不完善或未落实；2. 职业健康管理制度不完善、安全管理制度不完善，未落实（定期体检）；3. 安全投入不足；4. 高处安全操作规程不规范或未落实	√		√	√	√
	爆炸	安全装置失效的容器等	1. 周围违规生火；2. 违章焊接作业；3. 压力容器违规使用	1. 焊接设备不合格；2. 容器不合格，压力不正常等		1. 技术上的缺陷；2. 安全教育、交底不到位；3. 管理上的缺失	√	√	√	√	√

第五章 路基路面工程施工主要安全风险分析

续上表

施工作业内容	典型风险事件	致害物	致险因素				风险事件后果类型				
			人的因素	物的因素	环境因素	管理因素	易导致伤亡人员类型		人员伤亡		
							本人	他人	轻伤	重伤	死亡
	物体打击	作业过程中使用的工具、材料等	1.现场作业人员未正确使用安全防护用品（安全帽等）；2.人员违章进入危险区域；3.管理人员违章指挥，强令冒险作业，作业人员身体健康状况异常、心理异常，感知异常（反应迟钝，辨识错误）；4.作业人员违章作业（违章抛物）	1.安全防护用品（安全帽等）不合格；2.现场无警示标识或标识破损（警戒区、标牌、反光锥等）；3.作业过程中产生坠落物（飞物、工具、材料等）	1.强风、暴雨、大雪、大雾等不良天气；2.夜间施工照明不足；3.作业场地杂乱、坑洼不平	1.安全教育、培训、交底、检查制度不完善或未落实；2.安全防护用品未进行进场验收或验收不到位；3.安全投入不足	√			√	√
PC管桩施工	车辆伤害	设备、材料、运输车等	1.不当操作造成车辆安全装置失效，人员冒险进入危险场所（车辆倒车区域）；2.汽、机驾人员有分散注意力行为，冒险进入边坡临边位置；3.施工人员着装不安全；4.现场指挥、警戒不当；5.管理令冒险作业（进入驾驶员视野盲区等）	1.运输车辆未经验或有缺陷；2.施工场地环境不良（如照明不足、场地湿滑等）；3.个人防护用品用具缺少或有缺陷；4.安全警示标志或栏等安全装置缺乏，车辆操作人员无上岗资格证	1.场地受限；2.道路不符合要求；3.大风、暴雨、低温等恶劣天气；4.不稳定坡体	1.技术上的缺陷；2.操作者生理、心理上的缺陷；3.安全教育、交底不到位；4.管理上的缺失；5.未对车辆设备、安全防护用品等进行进场验收或验收不到位	√	√		√	√

续上表

施工作业内容	典型风险事件	致害物	致险因素				风险事件后果类型			
			人的因素	物的因素	环境因素	管理因素	易导致伤亡人员类型		人员伤亡	
							本人	他人	轻伤	重伤	死亡
	车辆伤害	设备、材料、运输车等	6. 机驾人员未持有效证件上岗，机驾人员操作错误，酒后驾驶、超速、超载人，超限、违规作业（违规载人，酒后作业）；7. 机驾人员身体健康状况异常，心理异常，感知异常（反应迟钝，辨识错误）；8. 机驾人员疲劳作业。现场作业人员未正确使用安全防护用品（反光背心、安全帽等）	5. 运输道路承载能力不足；6. 现场无警示标识或标牌、反光锥、反光贴等；7. 车辆带"病"作业（制动装置、喇叭、后视镜、警示灯等设施缺陷）；8. 车辆作业安全距离不足		6. 车辆安全管理制度不完善或未落实；7. 安全操作规程不规范或未落实（作业前未对车辆周围环境进行检查）	√	√	√	√	√
PC管桩施工	机械伤害	挖掘机、打桩机等	1. 人员违章进入危险区域（机械作业半径等）；2. 管理人员违章指挥，强令冒险作业；3. 机械操作人员未持有效证件上岗；4. 机械操作人员操作错误、违章作业（违规载人，酒后作业）；5. 操作人员身体健康状况异常，心理异常，感知异常（反应迟钝，辨识错误）；	1. 现场无警示标识或标牌、警戒区、反光贴等；2. 设备设施安全作业距离不足；3. 设备带病作业（设备设施制动装置或防护装置失效运动转动装置无防护或防护装置缺陷）；4. 安全防护用品（反光背心、安全帽、护目镜等）不合格	1. 强风、暴雨、大雪、大雾等不良天气；2. 作业场地狭窄不平整、道路湿滑；3. 夜间施工照明不足	1. 机械设备安全管理制度不完善或未落实（检查或维护保养不到位）；2. 未对机械设备安全防护用品等进行进场验收或验收不到位；3. 安全教育、培训、交底制度不完善或未落实；4. 机械设备操作规程不规范或未落实；5. 安全投入不足	√	√	√	√	√

续上表

施工作业内容	典型风险事件	致害物	致险因素				风险事件后果类型				
			人的因素	物的因素	环境因素	管理因素	易导致伤亡人员类型		人员伤亡		
							本人	他人	轻伤	重伤	死亡
PC管桩施工	机械伤害	挖掘机、打桩机等	6.现场作业人员未正确使用安全防护用品（反光背心、安全帽等）；7.机械操作人员疲劳作业				√			√	√
	起重伤害	起重设备、吊起的材料、吊具、吊索等	1.人员违章进入危险区域；2.管理人员违章指挥，强令冒险作业，指挥信号错误；3.起重司索信号工未持有效证件上岗；4.起重作业人员违章操作（酒后作业，支腿未支垫木等）错误打开支腿，支腿未支垫枕木等；5.起重人员身体健康状况异常、心理异常，知异常（反应迟钝、辨识错误）；6.作业人员疲劳作业；7.现场作业人员未正确使用安全防护用品（反光背心、安全帽等）	1.现场无警示标识或标识破损（警戒区、标牌、反光锥等）；2.吊索、吊具不合格或达到报废标准（钢丝绳、吊带、U形卸扣等）；3.支垫材料（枕木、钢板等）不合格；4.无防护或防护装置缺陷（防脱钩装置、限位装置等）；5.起重机带病作业（制动装置等）；6.安全防护用品（反光背心、安全帽等）不合格；7.指挥信号不清、错误	1.雷雨大风（6级以上）、大雾等恶劣天气；2.作业场地承载力不满足要求；3.作业场地不平整；4.夜间施工照明不足	1.起重吊装专项施工方案不完善或未落实；2.设备设施安全管理制度不完善或未落实（检查维护保养不到位）；3.起重吊装安全操作规程不规范或未落实；4.安全教育、培训、交底、检查不到位；5.未对机械设备、安全防护用品进行进场验收或验收不到位；6.安全投入不足		√	√	√	√

— 31 —

续上表

施工作业内容	典型风险事件	致害物	致险因素			风险事件后果类型				
			人的因素	物的因素	环境因素	管理因素	易导致伤亡人员类型		人员伤亡	
							本人	他人	轻伤	重伤	死亡
PC管桩施工	触电	破损的电缆、破损漏电的电气设备设施	1. 作业人员未正确使用安全防护用品（绝缘鞋、绝缘手套等）； 2. 作业人员操作错误或违章操作（带电检修维护）； 3. 管理人员违章指挥、强令冒险作业； 4. 电工未持有效证件上岗； 5. 作业人员疲劳作业	1. 电缆线、配电箱等电气设施不合格（线路破损、老化）； 2. 电气设施设置不规范（电缆拖地、配电箱无支架等）； 3. 带电设施无警示标识或标识破损； 4. 安全防护装置不规范（未接地、无漏电保护器、接线端子无防护罩等）； 5. 防护不足（配电柜、发电机无遮雨棚、防护围挡或防护破损）； 6. 振捣棒等设备损坏漏电	1. 强风、雷雨、大雪等不良天气； 2. 作业场地杂乱、潮湿或积水； 3. 作业场地照明不足	1. 临时用电方案不完善或未落实； 2. 发电机等安全操作规程不规范或未落实； 3. 电气设施材料未进行进场验收； 4. 电工未对用电设施进行巡查或巡查不到位； 5. 机械设备安全管理制度未落实（发电机、振捣棒等机具检查维护保养不到位）； 6. 安全教育、培训、交底、检查不完善或未落实； 7. 安全投入不足	√	√	√	√	√

— 32 —

第五章 路基路面工程施工主要安全风险分析

续上表

施工作业内容	典型风险事件	致害物	致险因素				风险事件后果类型				
			人的因素	物的因素	环境因素	管理因素	易导致伤亡人员类型		人员伤亡		
							本人	他人	轻伤	重伤	死亡
PC管桩施工	高处坠落	打桩机	1. 管理人员违章指挥、强令冒险作业；2. 人员身体健康状况异常、心理异常、感知异常（高血压、恐高症等禁忌症，反应迟钝、辨识错误，作业人员操作错误或违章作业（人员酒后作业）；3. 作业人员防护用品使用不正确使用安全防护用品（安全带、防滑鞋等）；4. 作业人员疲劳作业	1. 安全防护用品质量不合格、存在缺陷；2. 现场无警示标识或标识破损	1. 作业环境不佳，场地湿滑，不平；2. 6级以上大风、雷电、暴雨等恶劣天气；3. 夜间施工照明不足	1. 安全教育、培训、交底、检查不落实，未落实；2. 职业健康、安全管理制度不完善（定期体检）	√		√	√	√
碎石桩施工	物体打击	作业过程中使用的工具、材料等	1. 现场作业人员未正确使用安全防护用品（安全帽等）；2. 人员违章进入危险区域；3. 管理人员违章指挥；4. 作业人员身体健康状况异常、心理异常、感知异常（反应迟钝、辨识错误）；5. 违章作业（违章抛物）	1. 安全防护用品（安全帽等）不合格；2. 现场无警示标识（警戒区、标牌、反光锥等）；3. 作业过程中产生的坠落物（飞物、工具、材料等）	1. 强风、暴雨、大雪、大雾等不良天气；2. 夜间施工照明不足；3. 作业场地杂乱，坑洼不平	1. 安全教育、培训、交底、检查不落实，未落实；2. 安全防护用品等未进行进场验收或验收不到位；3. 安全投入不足		√	√	√	√

— 33 —

续上表

施工作业内容	典型风险事件	致害物	致险因素				风险致伤亡人员类型		风险事件后果类型		
			人的因素	物的因素	环境因素	管理因素	本人	他人	人员伤亡		
									轻伤	重伤	死亡
碎石桩施工	车辆伤害	设备、材料、运输车辆等	1. 不当操作造成车辆安全装置失效,人员冒险进入危险场所(车辆倾倒区域); 2. 汽、机驾人员有分散注意力行为,车辆冒险进入边坡临边位置; 3. 施工人员着装不整束; 4. 现场指挥、警戒不当; 5. 管理人员冒险作业,强令人员进入机驾视野盲区等; 6. 机驾人员未持有效证件上岗,违章驾驶作业(违规载人、酒后驾驶、超速、超限、超载等); 7. 机驾人员身体健康状况异常,心理异常,感知异常(反应迟钝、辨识错误等); 8. 现场作业人员疲劳作业。现场作业人员未正确使用安全防护用品(反光背心、安全帽等)	1. 运输车辆未经检验或有缺陷; 2. 施工场地环境不良(如照明不佳、场地湿滑等); 3. 个人防护用品用具缺少或缺陷; 4. 安全警示标志、护栏等警示标志缺陷,车辆操作人员无上岗资格证; 5. 运输道路承载力不足; 6. 现场无警示标识或标识破损(警戒区、反光锥、反光贴等); 7. 车辆带病作业(制动装置、喇叭、后视镜、警示灯等设施缺陷); 8. 车辆作业安全距离不足	1. 场地受限; 2. 道路不符合要求; 3. 大风、暴雨、低温等恶劣天气; 4. 不稳定坡体	1. 技术上的缺陷; 2. 操作者生理、心理上的缺陷; 3. 教育、交底不到位; 4. 管理上的缺陷; 5. 未对车辆设备、安全防护用品等进行进场验收或验收不到位; 6. 车辆安全管理制度不完善或落实不到位(检查维护保养不规范); 7. 安全操作规程不规范或未落实(作业前未对车辆周围环境进行检查)	√	√	√	√	√

— 34 —

续上表

施工作业内容	典型风险事件	致害物	致险因素			风险事件后果类型				
			人的因素	物的因素	环境因素	管理因素	易导致伤亡人员类型		人员伤亡	
							本人	他人	轻伤	重伤	死亡
碎石桩施工	机械伤害	挖掘机、打桩机等	1. 人员违章进入危险区域（机械作业半径等）；2. 管理人员违章指挥，强令冒险作业；3. 机械操作人员未持有效证件上岗；4. 操作人员操作错误，违章作业（设备带病作业、酒后作业人员身体健康状况异常、心理异常、感知异常（反应迟钝、辨识错误）；6. 现场作业人员未正确使用安全防护用品（反光背心、安全帽、护目镜等）；7. 机械操作人员疲劳作业	1. 现场无警示标识或标识破损（警戒区、标牌、反光贴等）；2. 设备设施安全作业距离不足；3. 设备设施带病作业（设备设施转动装置失效、运动防护装置无防护或防护装置缺略等）；4. 安全防护用品（反光背心、安全帽、护目镜等）不合格	1. 强风、暴雨、大雪、大雾等不良天气；2. 作业场地狭窄、不平整，道路湿滑；3. 夜间施工照明不足	1. 机械设备安全管理制度不完善或未落实（检查维护保养不到位）；2. 未对机械设备进场安全防护用品等进行进场验收或验收未落实；3. 安全教育、培训、交底制度不完善或未落实；4. 机械设备操作规程不规范或未落实；5. 安全投入不足	√	√	√	√	√

— 35 —

续上表

施工作业内容	典型风险事件	致害物	致险因素				风险致伤亡人员类型		事件后果类型			
			人的因素	物的因素	环境因素	管理因素	本人	他人	轻伤	重伤	死亡
碎石桩施工	起重伤害	起重设备、吊用的材料、吊具、吊索	1.人员违章进入危险区域； 2.管理人员违章指挥,强令冒险作业(无司索信号工或指挥错误)； 3.起重号工、司索信号工未持有效证件上岗； 4.起重作业人员操作错误,违章作业(支腿打开不全、支腿未支垫枕木等)； 5.作业人员身体健康状况异常、心理异常感知异常(反应迟钝、辨识错误)； 6.作业人员疲劳作业； 7.现场安全人员未正确使用安全防护用品(反光背心、安全帽等)	1.现场无警示标识或标牌破损(警戒区、标牌、反光锥等)； 2.吊索、吊具不合格或达到报废标准(钢丝绳、吊带U形卸扣等)； 3.支垫材料(枕木、钢板等)不合格； 4.无防护或防护装置缺陷(防脱钩装置、限位装置等)； 5.起重机带病作业(制动装置等)； 6.安全防护用品(反光背心、安全帽等)不合格； 7.指挥信号不清、错误	1.雷雨大风(6级以上)、大雾等恶劣天气； 2.作业场地承载力不足； 3.作业场地不平整； 4.夜间施工照明不足	1.起重吊装专项施工方案未落实； 2.设备设施安全管理制度不完善或未落实(检查维护保养不到位)； 3.起重吊装安全操作规程不规范或未落实； 4.安全教育、培训、交底、检查制度不完善或未落实； 5.未对机械设备、安全防护用品等进行进场验收或验收不到位； 6.安全投入不足	√	√	√	√	√

— 36 —

第五章 路基路面工程施工主要安全风险分析

续上表

施工作业内容	典型风险事件	致害物	致险因素				风险事件后果类型				
			人的因素	物的因素	环境因素	管理因素	易导致伤亡人员类型		人员伤亡		
							本人	他人	轻伤	重伤	死亡
碎石桩施工	触电	破损的电缆、破损漏电的电气设施	1.作业人员未正确使用安全防护用品(绝缘鞋、绝缘手套等); 2.作业人员操作错误或违章作业(带电检修维护); 3.管理人员违章指挥、强令冒险作业; 4.电工未持有效证件上岗; 5.作业人员疲劳作业	1.电缆线、配电箱等电气设施不合格(线路破损、老化等); 2.电气设施设置不规范(电缆拖地、配电箱无支架等); 3.带电设施无警示标识或标识破损; 4.安全防护装置不规范(未接地、无漏电保护器、接线端子无防护罩等); 5.防护不足(配电柜、发电机无遮雨棚、防护围挡或防护破损)	1.强风、雷雨、大雪等不良天气; 2.作业场地杂乱、潮湿或积水; 3.作业场地照明不足	1.临时用电方案不完善或未落实; 2.发电机等安全操作规程不规范或落实未到位; 3.电气设施材料等未进行进场验收; 4.电工未对用电设施进行巡查或巡查不到位; 5.机械设备安全管理制度未落实(发电机、振捣棒等维护保养不到位); 6.安全教育、培训、交底、检查制度不完善或未落实; 7.安全投入不足	√	√	√	√	√
	高处坠落	打桩机	1.管理人员违章指挥、强令冒险作业; 2.人员身体状况异常、心理异常、感知异常(高血压、恐高症、反应迟钝、辨识错误,作业人员操作错误或违章作业(人员酒后作业); 3.作业人员未正确使用安全防护用品(安全带、防滑鞋等); 4.人员疲劳作业	1.安全防护用品质量不合格,存在缺陷; 2.现场无警示标识或标识破损	1.作业环境不佳,场地湿滑、不平; 2.6级以上大风、雷电、暴雨等恶劣天气; 3.夜间施工照明不足	1.安全教育、培训、交底、检查制度不完善或未落实; 2.职业健康安全管理制度不完善或未落实	√	√	√	√	√

续上表

施工作业内容	典型风险事件	致害物	致险因素				风险事件后果类型				
			人的因素	物的因素	环境因素	管理因素	易导致伤亡人员类型		人员伤亡		
							本人	他人	轻伤	重伤	死亡
沟塘回填	车辆伤害	自卸汽车等	1.不当操作造成车辆安全装置失效，人员冒险进入危险场所（车辆倒车区域）；2.汽、机驾人员有分散注意力行为，车辆冒险进入边坡临边位置；3.施工人员着装不安全装束；4.现场指挥、警戒不当；5.管理人员违章指挥，强令冒险作业（进入视野盲区等）；6.机驾人员未持有效证件上岗。违章操作错误，违章作业、酒人、超载、超限、超速，疲劳驾驶等；7.机驾人员身体健康状况异常，心理异常，感知异常（反应迟钝、辨识错误）；8.机驾作业人员未正确使用安全防护用品（反光背心、安全帽等）	1.运输车辆未经检验或有缺陷；2.施工场地环境不良（如照明不佳、场地湿滑等）；3.个人防护用品用具缺少或有缺陷；4.安全警示标志、护栏等警示装置缺乏或有缺陷，车辆操作人员无上岗资格证；5.运输道路承载力不足；6.现场无警示标识或标识破损（警戒区、反光锥、牌、反光贴等）；7.车辆带病作业（制动装置、喇叭、后视镜、警示灯等）；8.车辆作业安全距离不足	1.场地受限；2.道路不符合要求；3.大风、暴雨、低温等恶劣天气；4.不稳定坡体	1.技术上的缺陷；2.操作者生理、心理上的缺陷；3.教育、交底不到位；4.管理上的缺陷；5.未对车辆设备、安全防护用品等进行进场验收或验收不到位；6.车辆安全管理制度不完善或维护保养不到位；7.安全操作规程不落实（作业前未对车辆周围环境进行检查）	√		√	√	√

续上表

施工作业内容	典型风险事件	致害物	致险因素				风险事件后果类型				
			人的因素	物的因素	环境因素	管理因素	易导致伤亡人员类型		人员伤亡		
							本人	他人	轻伤	重伤	死亡
沟塘回填	机械伤害	挖掘机、推土机、装载机等	1.人员违章进入危险区域（机械作业半径等）；2.管理人员违章指挥，强令冒险作业；3.机械操作人员未持有效证件上岗；4.机械操作人员（违规载人、酒后作业）错误；5.操作人员身体健康状况异常、心理异常、感知异常（反应迟钝、辨识错误）；6.现场作业人员未正确使用安全防护用品（反光背心、安全帽等）；7.机械操作人员疲劳作业	1.现场无警示标识或标识破损（警戒区、标牌、反光贴等）；2.设备设施安全作业距离不足；3.设备带病制动装置失效、运动或转动装置无防护或防护装置缺陷等）；4.安全防护用品不合格反光背心、安全帽、目镜等	1.强风、暴雨、大雪、大雾等不良天气；2.作业场地狭窄、不平整、道路湿滑；3.夜间施工照明不足；4.塘底渗水	1.机械设备安全管理制度不完善或未落实（检查维护保养未到位）；2.未对机械设备、安全防护用品等进行进场验收或验收不到位；3.安全教育、培训、交底制度不完善或落实不到位；4.机械设备操作规程不规范或未落实；5.安全投入不足；6.管理上的缺失	√	√	√	√	√

续上表

施工作业内容	典型风险事件	致害物	致险因素				风险事件后果类型				
			人的因素	物的因素	环境因素	管理因素	易导致伤亡人员类型		人员伤亡		
							本人	他人	轻伤	重伤	死亡
	淹溺	沿塘施工区域无防护或防护缺损的作业平台、不合格或破损的安全防护用品	1.作业人员安全防护意识差; 2.违章操作; 3.未正确佩戴劳动防护用品	水上作业未设置安全防护设施	1.风力超过六级、雨雾天气; 2.夜间照明不良等条件下进行水上作业	1.交底培训不到位; 2.现场监督检查不到位	√			√	√
沟塘回填	坍塌	不稳定土体	1.管理人员违章指挥、强令冒险作业(防护、放空坡不及时); 2.人员心理异常(冒险侥幸心理); 3.作业人员操作错误; 4.违章作业、违反劳动纪律行为(管理人员脱岗)	1.无警示信号或信号不清(紧急撤离信号); 2.现场无警示标识或标识破损(警戒区、标牌、反光锥等); 3.截排水设施不完善; 4.防护形式错误或防护材料不合格(材料强度不足等); 5.沟塘边沿堆放渣土机械或堆放重型	1.存在滑坡、偏压等不良地质; 2.作业场地照明不足; 3.强风、暴雨、大雪等不良天气	1.施工方案不完善未落实; 2.安全教育、培训、交底、检查制度不完善未落实; 3.安全投入不足; 4.管理上的缺失	√	√	√	√	√

— 40 —

第二节 小型构造物施工主要安全风险分析

小型构造物主要包括圆管涵、箱涵、盖板涵、通道等施工内容,从人的因素、物的因素、环境因素及管理因素分析致险因素,结果见表5-2。

小型构造物施工主要安全风险分析

表 5-2

施工作业内容	典型风险事件	致害物	致险因素				风险事件后果类型				
			人的因素	物的因素	环境因素	管理因素	易导致伤亡人员类型		人员伤亡		
							本人	他人	轻伤	重伤	死亡
圆管涵	物体打击	作业平台上的工具、材料坠落,基坑临边堆置物,作业过程中使用的工具、材料、吊装等	1. 现场作业人员未正确使用安全防护用品(安全帽等); 2. 人员违章进入危险区域; 3. 管理人员违章指挥,强令冒险作业,作业人员身体健康状况异常、心理异常、感知异常(反应迟钝、辨识错误); 4. 作业人员违章作业(违章抛物)	1. 安全防护用品(安全帽等)不合格; 2. 现场无警示标识或标识破损(警戒区、标牌、反光锥等); 3. 作业过程中产生的坠落物(工具、材料等)	1. 强风、暴雨、大雪、大雾等不良天气; 2. 夜间施工照明不足; 3. 作业场地杂乱	1. 安全教育、培训、交底、检查制度不完善或未落实; 2. 安全防护用品等未进行进场验收或验收不到位; 3. 安全投入不足; 4. 操作规程管控不到位	√	√	√	√	√

续上表

施工作业内容	典型风险事件	致害物	致险因素				风险事件后果类型				
			人的因素	物的因素	环境因素	管理因素	易导致伤亡人员类型		人员伤亡		
							本人	他人	轻伤	重伤	死亡
圆管涵	机械伤害	挖掘机、小型机具、吊装设备等	1.人员违章进入危险区域（机械作业半径等）；2.管理人员违章指挥，强令冒险作业，机械操作人员未持有效证件上岗；3.机械操作人员操作错误，违章作业（违规载人、酒后作业）；4.操作人员身体健康状况异常、心理异常、感知异常（反应迟钝、辨识错误）；5.现场作业安全防护不正确使用安全防护用品（反光背心、安全帽等）；6.机械操作人员疲劳作业	1.现场无警示标识或标识破损（警戒区、标牌、反光贴等）；2.设备设施带病作业；3.设备制动装置失效、设施转动装置无防护或防护装置缺陷等；4.安全防护用品不合格反光背心、安全帽、护目镜等	1.强风、暴雨、大雪、大雾等不良天气；2.作业场地狭窄、不平整，道路湿滑；3.夜间施工照明不足	1.机械设备安全管理制度不完善或落实不到位（检查维护保养不到位）；2.未对机械设备、安全防护用品等进行进场验收或验收不到位；3.安全教育、培训、交底制度不完善或落实不到位；4.机械设备操作规程不规范或落实不到位；5.安全投入不足		√	√	√	√

第五章　路基路面工程施工主要安全风险分析

续上表

施工作业内容	典型风险事件	致害物	致险因素			风险事件后果类型				
			人的因素	物的因素	环境因素	管理因素	易导致伤亡人员类型		人员伤亡		
							本人	他人	轻伤	重伤	死亡
			1. 人员违章进入危险区域； 2. 管理人员违章指挥，强令冒险作业（无司索信号工或指挥错误）； 3. 起重号工、吊司索信号工未持有效证件上岗； 4. 起重作业人员操作错误，违章作业（支腿未全部打开，支腿未支垫枕木等）； 5. 起重人员身体健康状况异常、心理异常、感知异常（反应迟钝、辨识错误）； 6. 作业人员疲劳作业； 7. 现场作业人员未正确使用安全防护用品（反光背心、安全帽等）	1. 现场无警示标识或标识破损（警戒区、标牌、反光锥等）； 2. 吊索、吊具不合格或达到报废标准（钢丝绳、吊带、U形卸扣等）； 3. 支垫材料（枕木、钢板等）不合格； 4. 无防护或防护装置、限位装置等）； 5. 起重机带病作业（制动装置等）； 6. 安全防护用品（反光背心、安全帽等）不合格； 7. 指挥信号不清、错误	1. 雷雨、大风（6级以上）、大雾等恶劣天气； 2. 作业场地承载不足； 3. 作业场地不平整； 4. 夜间施工照明不足	1. 起重吊装专项施工方案不完善或制度未落实； 2. 设备设施安全管理制度不完善或保养不到位（检查维护保养不到位）； 3. 起重吊装安全操作规程不规范或未落实； 4. 安全教育、培训、交底、检查验收不完善； 5. 未对机械设备、安全防护用品等进行进场验收或验收不足； 6. 安全投入不足					
圆管涵	起重伤害	起重设备、吊起的材料、吊具、吊索						√	√	√	√

— 43 —

续上表

施工作业内容	典型风险事件	致害物	致险因素				风险事件后果类型				
			人的因素	物的因素	环境因素	管理因素	易导致伤亡人员类型		人员伤亡		
							本人	他人	轻伤	重伤	死亡
圆管涵	触电	破损的电缆、带电的振捣棒、漏电的电气设备设施等	1. 作业人员未正确使用安全防护用品（绝缘鞋、绝缘手套等）； 2. 作业人员操作错误或违章作业（带电检修维护）； 3. 管理人员违章指挥、强令冒险作业； 4. 电工未持有效证件上岗； 5. 作业人员疲劳作业	1. 电缆线、配电箱等电气设施不合格（线路破损、老化）； 2. 电气设施设置不规范（电缆拖地、配电箱无支架等）； 3. 带电设施无警示标识或标识破损； 4. 安全防护装置不规范（未接地、接线端子无防护罩等）； 5. 防护不当，防护距离不足（配电柜、发电机无遮雨棚、防护闸挡或防护破损）； 6. 振捣棒等设备漏电	1. 强风、雷雨、大雪等不良天气； 2. 作业场地杂乱，潮湿或积水； 3. 作业场地照明不足	1. 临时用电方案不完善或未落实； 2. 发电机等安全操作规程不规范或未落实； 3. 电气设施材料验收未进行进场验收或验收不到位； 4. 电工未对用电设施进行巡查或巡查不到位； 5. 机械设备安全管理制度未落实（发电机、振捣棒等机具检查维护养不到位）； 6. 安全教育、培训交底、检查制度不完善或未落实； 7. 安全投入不足	√	√	√	√	√

— 44 —

续上表

施工作业内容	典型风险事件	致害物	致险因素				风险事件后果类型				
			人的因素	物的因素	环境因素	管理因素	易导致伤亡人员类型		人员伤亡		
							本人	他人	轻伤	重伤	死亡
圆管涵	坍塌	不稳定土体	1. 管理人员违章指挥,强令冒险作业(防护、放坡不及时); 2. 人员心理异常(冒险侥幸心理); 3. 作业人员操作错误; 4. 违章作业,违反劳动纪律行为(管理人员脱岗)	1. 无警示信号或信号不清(紧急撤离信号); 2. 现场无警示标识或标识破损(警戒区、标牌、反光锥等); 3. 截排水设施不完善; 4. 防护材形式错误或防护材料不合格(材料强度不足等); 5. 基坑边坡沿停放重型机械或堆放渣土	1. 存在滑坡、偏压等不良地质; 2. 作业场地照明不足; 3. 强风、暴雨、大雪等不良天气	1. 施工方案不落实、未逐底重叠开挖,开挖完成后未及时施工防护及排水; 2. 安全教育、培训、交底、检查制度不完善、未落实; 3. 安全投入不足	√	√	√	√	√
箱涵	物体打击	作业平台上的工具、材料坠落,基坑临边堆置物,作业过程中使用的工具、材料等	1. 现场作业人员未正确使用安全防护用品(安全帽等); 2. 人员违章进入危险区域; 3. 管理人员违章指挥、强令冒险作业; 4. 作业人员身体健康状况异常,心理异常,感知异常(反应迟钝、辨识错误); 5. 作业人员违章作业(违章抛物)	1. 安全防护用品(安全帽等)不合格; 2. 现场无警示标识或标识破损(警戒区、标牌、反光锥等); 3. 作业过程中产生的坠落物(工具、材料等)	1. 强风、暴雨、大雪、大雾等不良天气; 2. 夜间施工照明不足; 3. 作业场地杂乱	1. 安全教育、培训、交底、检查制度不完善、未落实; 2. 安全防护用品等未进行进场验收或验收不到位; 3. 安全投入不足	√	√	√	√	√

续上表

施工作业内容	典型风险事件	致害物	致险因素				风险事件后果类型			
			人的因素	物的因素	环境因素	管理因素	易导致伤亡人员类型		人员伤亡	
							本人	他人	轻伤	重伤	死亡

施工作业内容	典型风险事件	致害物	人的因素	物的因素	环境因素	管理因素	本人	他人	轻伤	重伤	死亡
箱涵	车辆伤害	混凝土罐车、运输车等	1.不当操作造成车辆安全装置失效，人员冒险进入危险场所（车辆倒车区域）；2.机车行为，车辆冒险进入边坡临边位置；3.施工人员着不安全装束；4.现场指挥、警戒不当；5.管理人员违章指挥、强令冒险作业（进入驾驶员视野盲区）；6.机驾员无证件上岗；7.违章作业（违规驾驶、超速、酒人、酒后驾驶、超限、超载驾驶等）；8.机驾人员身体健康状况异常、心理异常、感知异常（反应迟钝、辨识错误）；9.机驾人员疲劳作业。现场作业安全防护用品不正确使用（反光背心、安全帽等）	1.运输车辆未经检验或有缺陷；2.施工场地环境不良（如照明不佳、场地湿滑等）；3.个人防护用品用具缺少或缺陷；4.安全警示标志、护栏等装置缺乏或有缺陷，车辆操作人员无上岗资格证；5.运输道路承载力不足；6.现场无警示标识（警戒区、标识破损、反光锥、反光贴等）；7.车辆带病作业（制动装置、喇叭、后视镜、警示灯等设施缺陷）；8.车辆安全距离不足	1.场地受限；2.道路不符合要求；3.大风、暴雨、低温等恶劣天气（不利于混凝土提升强度）；4.不稳定坡体	1.技术上的缺陷；2.安全教育、交底不到位；3.管理上的缺失；4.未对车辆设备、安全防护用品等进行进场验收或验收不到位；5.车辆安全管理制度不完善或落实（检查维护保养不到位）；6.安全操作规程不规范或未落实（作业前未对车辆周围环境进行检查）	√	√	√	√	√

续上表

施工作业内容	典型风险事件	致害物	致险因素			风险事件后果类型			
			人的因素	物的因素	环境因素	管理因素	易导致伤亡人员类型	人员伤亡	
							本人 / 他人	轻伤 / 重伤 / 死亡	
箱涵	机械伤害	挖掘机、装载机及施工小型机具等	1. 人员违章进入危险区域（机械作业半径等）； 2. 管理人员违章指挥，强令冒险作业； 3. 机械操作人员未持有效证件上岗； 4. 机械操作人员操作错误、违章作业（违规载人、酒后作业）； 5. 操作人员身体健康状况异常、心理异常，感知异常（反应迟钝，辨识错误）； 6. 现场作业人员未正确使用安全防护用品（反光背心、安全帽等）； 7. 机械操作人员疲劳作业	1. 现场无警示标识或标识破损（警戒区、标牌、反光贴等）； 2. 设备设施安全作业距离不足； 3. 设备带病作业（设备设施制动装置失效、运动或转动装置无防护或防护装置缺陷等）； 4. 安全防护用品不合格反光背心、安全帽、目镜等	1. 强风、暴雨、大雪大雾等不良天气； 2. 作业场地狭窄、不平整、道路湿滑； 3. 夜间施工照明不足	1. 机械设备安全管理制度不完善或未落实（检查维护保养不到位）； 2. 未对机械设备、安全防护用品等进行进场验收或验收未落实； 3. 安全教育、培训交底制度不完善或未落实； 4. 机械设备操作规程不规范或未落实； 5. 安全投入不足	√	√	√

续上表

施工作业内容	典型风险事件	致害物	致险因素				风险事件后果类型				
			人的因素	物的因素	环境因素	管理因素	易导致伤亡人员类型		人员伤亡		
							本人	他人	轻伤	重伤	死亡
箱涵	起重伤害	起重设备、吊起的材料、吊具、吊索	1.人员违章进入危险区域； 2.管理人员违章指挥，强令冒险作业（无司索信号工或指挥错误）； 3.起重号工未持有效证件上岗； 4.起重作业人员操作错误，违章作业（酒后作业、支腿未全部打开、支腿未支垫枕木等）； 5.作业人员身体健康状况异常、心理异常、反应迟钝、辨识知异常（反应迟钝、辨识错误）；作业人员疲劳作业； 6.现场作业人员未正确使用安全防护用品（反光背心、安全帽等）	1.现场无警示标识或标识破损（警戒区、标牌、反光锥等）； 2.吊索、吊具不合格或达到报废标准（钢丝绳、吊带、U形卸扣等）； 3.支垫材料（枕木、钢板等）不合格； 4.无防护或防护装置缺陷（防脱钩装置、限位装置等）； 5.起重机带病作业（制动装置等）； 6.安全防护用品（反光背心、安全帽等）不合格； 7.指挥信号不清、错误。	1.雷雨、大风（6级以上）、大雾等恶劣天气； 2.作业场地不平整； 3.作业场地不平整； 4.夜间施工照明不足	1.起重吊装专项施工方案不完善或未落实； 2.设备设施安全管理制度不完善或保养不到位（检查维护未落实）； 3.起重吊装安全操作规程不规范或未落实； 4.安全教育、培训、交底、检查制度不完善或未落实； 5.未对机械设备、安全防护用品等进行进场验收或验收不到位； 6.安全投入不足	√	√	√	√	√

第五章 路基路面工程施工主要安全风险分析

续上表

施工作业内容	典型风险事件	致害物	致险因素				风险事件后果类型				
			人的因素	物的因素	环境因素	管理因素	易导致伤亡人员类型		人员伤亡		
							本人	他人	轻伤	重伤	死亡
箱涵	触电	破损的电缆、带电的振捣棒、破损材料、带电漏电的电气设备设施	1. 作业人员未正确使用安全防护用品（绝缘鞋、绝缘手套等）； 2. 作业人员操作错误或违章作业（带电检修维护）； 3. 管理人员违章指挥、强令冒险作业； 4. 电工未持有效证件上岗； 5. 作业人员疲劳作业	1. 电缆线、配电箱等电气设施（线路破损、老化）不合格； 2. 电气设施设置不规范（电缆拖地、配电箱无支架等）； 3. 带电设施无警示标识或标识破损； 4. 安全防护装置不规范，接线端子无防护罩等）； 5. 防护不当（配电柜、发电机离不足，无遮雨棚、防护围挡或防护破损； 6. 振捣棒等设备损坏漏电	1. 强风、雷雨、大雪等不良天气； 2. 作业场地杂乱、潮湿或积水； 3. 作业场地照明不足	1. 临时用电方案不完善或未落实； 2. 发电机等安全操作规程不规范或未落实； 3. 电气设施材料等未进行进场验收； 4. 电工未对用电设施进行巡查巡验收； 5. 机械设备安全管理制度未落实（发电机、振捣棒等机具检查维护保养不到位）； 6. 安全教育、培训、交底、检查制度不完善或未到位； 7. 安全投入不足	√	√	√	√	√

续上表

施工作业内容	典型风险事件	致害物	致险因素				风险事件后果类型			
			人的因素	物的因素	环境因素	管理因素	易导致伤亡人员类型	人员伤亡		
							本人 / 他人	轻伤	重伤	死亡
箱涵	淹溺	施工区域无防护或防护缺损、不合格平台，不合格或破损的作业防护用品	1. 作业人员安全防护意识差；2. 违章操作；3. 未正确佩戴劳动防护用品	水上作业未设置安全防护设施	1. 风力超过6级、雨雾天气；2. 夜间照明不良等条件下进行水上作业	1. 交底培训不到位；2. 现场监督检查不到位	√		√	√
	高处坠落	无防护的高处作业	1. 管理人员违章指挥、强令冒险作业；2. 作业人员身体健康状况异常、心理异常，感知异常（高血压、恐高症等禁忌症，反应迟钝，辨识错误、作业人员违章操作或错误作业（人员酒后作业）；3. 作业人员未正确使用安全防护用品（安全带、防滑鞋等）；4. 作业人员疲劳作业	1. 安全防护用品质量不合格，存在缺陷；2. 现场无警示标识或标识破损；3. 高处作业所未设置安全防护等措施（安全绳索）；4. 未设置人员上下安全爬梯或设置不规范	1. 作业环境不佳，场地湿滑、不平；2. 6级以上大风、雷电、暴雨等恶劣天气；3. 夜间施工照明不足	1. 安全教育、培训，交底、检查制度不完善或未落实；2. 职业健康、安全管理制度不完善，未落实（定期体检）；3. 安全投入不足；4. 高处作业不规范规程不规范或操作未落实	√	√	√	√

— 50 —

续上表

施工作业内容	典型风险事件	致害物	致险因素				风险致伤亡易导致伤亡人员类型		人员伤亡类型		
			人的因素	物的因素	环境因素	管理因素	本人	他人	轻伤	重伤	死亡
箱涵	坍塌	不稳定土体、砌体、结构物等	1.管理人员违章指挥,强令冒险作业(防护、放坡不及时); 2.人员心理异常(冒险侥幸心理); 3.作业人员操作错误; 4.违章作业违反劳动纪律(管理人员脱岗)	1.无警示信号或信号不清(紧急撤离信号); 2.现场无警示标识或标识破损(警戒区、标牌、反光锥等); 3.截排水设施不完善; 4.防护形式错误或防护材料(材料强度不足等)不合格; 5.基坑边沿停放重型机械或堆放渣土	1.存在滑坡、偏压等不良地质; 2.作业场地照明不足; 3.强风、暴雨、大雪等不良天气	1.施工方案不完善或未落实(揭底开挖或上下重叠开挖,开挖完后未及时施工防护及排水); 2.安全教育、培训、交底未落实; 3.安全投入不足		√			√
盖板涵	物体打击	作业平台、材料上的工具坠落、基坑临边堆置物、作业过程中使用的工具、材料等	1.现场作业人员未正确使用安全防护用品(安全帽等); 2.人员违章进入危险区域; 3.管理人员违章指挥、强令冒险作业; 4.作业人员身体健康状况异常、心理异常(反应迟钝、辨识错误、感知异常); 5.作业人员违章作业(违章抛物)	1.安全防护用品(安全帽等)不合格; 2.现场无警示标识或标识破损(警戒区、标牌、反光锥等); 3.作业过程中产生的坠落物(工具、材料等)	1.强风、暴雨、大雪、大雾等不良天气; 2.夜间施工照明不足; 3.作业场地杂乱	1.安全教育、检查制度不完善、未落实; 2.安全防护用品等进行进场验收不到位; 3.安全投入不足	√	√	√	√	√

续上表

施工作业内容	典型风险事件	致害物	致险因素				风险事件后果类型			
			人的因素	物的因素	环境因素	管理因素	易导致伤亡人员类型		人员伤亡	
							本人	他人	轻伤	重伤	死亡
盖板涵	车辆伤害	混凝土罐车、运输车等	1. 不当操作造成车辆安全装置失效； 2. 人员冒险进入危险场所（车辆倒车区域）； 3. 汽、机驾人员有分散注意力行为，车辆冒险进入边坡临边位置； 4. 施工人员未着安全装束； 5. 现场指挥、警戒不当； 6. 管理人员违章指挥，强令冒险作业（进入驾驶员视野盲区等）； 7. 机驾人员未持有效证件上岗。违章操作错误，酒后驾驶、超速、超人、超载后驾驶、超限、超载作业）； 8. 机驾人员身体健康状况异常，心理迟钝、感知异常（反应迟钝、辨识错误）； 9. 现场作业人员疲劳作业。作业人员未正确使用安全防护用品（反光背心、安全帽等）	1. 运输车辆未经检验或有缺陷； 2. 施工场地环境不良（如照明不佳，场地湿滑等）； 3. 个人防护用品用具缺少或有缺陷； 4. 安全警示标志、护栏等警示装置缺乏或有缺陷，车辆操作人员无上岗资格证； 5. 运输道路承载力不足； 6. 现场无警示标识或标识破损（警戒区、反光锥、反光贴等）； 7. 车辆带病作业（制动装置、喇叭、后视镜、警示灯等设施缺陷）； 8. 车辆作业安全距离不足	1. 场地受限； 2. 道路不符合要求； 3. 大风、暴雨、低温等恶劣天气； 4. 不稳定坡体	1. 技术上的缺陷； 2. 操作者生理、心理上的缺陷； 3. 教育、交底不到位； 4. 管理上的缺陷； 5. 未对车辆设备、安全防护用品等进行进场验收或验收不到位； 6. 车辆安全管理制度不完善或未落实（检查维护保养不到位）； 7. 安全操作规程不规范或未落实（作业前未对车辆周围环境进行检查）	√	√	√	√	√

第五章 路基路面工程施工主要安全风险分析

续上表

施工作业内容	典型风险事件	致害物	致险因素				风险事件后果类型				
			人的因素	物的因素	环境因素	管理因素	易导致伤亡人员类型		人员伤亡		
							本人	他人	轻伤	重伤	死亡
盖板涵	机械伤害	挖掘机、装载机及施工机具等小型	1. 人员违章进入危险区域（机械作业半径等）； 2. 管理人员违章指挥，强令冒险作业； 3. 机械操作人员未持有效证件上岗； 4. 机械操作人员操作错误，违章作业（违规载人、酒后作业）； 5. 操作人员身体健康状况异常，心理异常，感知异常（反应迟钝，辨识错误）； 6. 现场作业人员未正确使用安全防护用品（反光背心、安全帽等）； 7. 机械操作人员疲劳作业	1. 现场无警示标识或标识破损（警戒区、标牌、反光贴等）； 2. 设备设施安全作业距离不足； 3. 设备带病作业（设备设施制动装置失效、运动或转动装置无防护或防护装置缺陷等）； 4. 安全防护用品（反光背心、安全帽、防护目镜等）不合格	1. 强风、暴雨、大雪、大雾等不良天气； 2. 作业场地狭窄，不平整、道路湿滑； 3. 夜间施工照明不足	1. 机械设备安全管理制度不完善或落实（检查维护保养不到位）； 2. 未对机械设备、安全防护用品等进行进场验收或验收不到位； 3. 安全教育、培训、交底制度不完善或落实不到位； 4. 机械设备操作规程不规范或落实不足； 5. 安全投入不足	√	√	√	√	√

续上表

施工作业内容	典型风险事件	致害物	致险因素				风险事件后果类型				
			人的因素	物的因素	环境因素	管理因素	易导致伤亡人员类型		人员伤亡		
							本人	他人	轻伤	重伤	死亡
盖板板涵	起重伤害	起重设备、吊起重的材料、吊具、吊索	1.人员违章进入危险区域； 2.管理人员违章指挥，强令冒险作业（无司索信号工或指挥错误）； 3.起重作业人员、司索信号工未持有效证件上岗； 4.起重作业人员操作错误、违章作业（酒后作业，支腿未全部打开，支腿未垫枕木等）； 5.起重人员身体健康状况异常，心理异常（反应迟钝，辨识知异常）错误），作业人员疲劳作业； 6.现场作业人员未正确使用安全防护用品（反光背心、安全帽等）	1.现场无警示标识或标识破损（警戒区、标牌、反光锥等）； 2.吊索、吊具不合格或达到报废标准（钢丝绳、吊带、U形卸扣等）； 3.支垫材料（枕木、钢板等）不合格； 4.无防护或防护装置缺陷（防脱钩装置、限位装置等）； 5.起重机带病作业（制动装置等）； 6.安全防护用品（反光背心、安全帽等）不合格； 7.指挥信号不清、错误	1.雷雨大风（6级以上）、大雾等恶劣天气； 2.作业场地承载力不足； 3.作业场地不平整； 4.夜间施工照明不足	1.起重吊装专项施工方案不完善或未落实； 2.设备设施安全管理制度不完善或保养未落实（检查维护或未到位）； 3.起重吊装安全操作规程不规范或未落实； 4.安全教育、培训、交底、检查制度不完善或未落实； 5.未对机械设备、安全防护用品等进行进场验收或验收不到位； 6.安全投入不足	√	√	√	√	√

— 54 —

续上表

施工作业内容	典型风险事件	致害物	致险因素			风险事件后果类型			
			人的因素	物的因素	环境因素	管理因素	易导致伤亡人员类型		人员伤亡
							本人 / 他人	轻伤 / 重伤 / 死亡	

施工作业内容	典型风险事件	致害物	人的因素	物的因素	环境因素	管理因素	本人	他人	轻伤	重伤	死亡
盖板涵	触电	破损的电缆带电材料带电的振捣棒漏电的电气设备设施	1. 作业人员未正确使用安全防护用品（绝缘鞋、绝缘手套等）；2. 作业人员操作错误或违章作业（带电检修维护）；3. 管理人员违章指挥、强令冒险作业；4. 电工未持有效证件上岗；5. 作业人员疲劳作业	1. 电缆线、配电箱等电气设施不合格（线路破损、老化）；2. 电气设施设置不规范（电缆拖地、配电箱无支架等）；3. 带电设施无警示标识或标识破损；4. 安全防护装置不规范，接线端子无防护罩等）；5. 防护不当，防护距离不足（配电柜、发电机无遮雨棚，防护围挡或防护破损）；6. 振捣棒等设备损坏漏电	1. 强风、雷雨、大雪等不良天气；2. 作业场地杂乱，潮湿或积水；3. 作业场地照明不足	1. 临时用电方案不完善或未落实；2. 发电机等安全操作规程不规范或未落实；3. 未对电气设施材料等进行进场验收；4. 电工未对电气设备巡查不到位；5. 机械设备安全管理制度未落实（发电机、振捣棒等机具检查维护保养不到位；6. 安全教育、培训、交底、检查制度不完善或未落实；7. 安全投入不足	√		√	√	√

续上表

施工作业内容	典型风险事件	致害物	致险因素				风险事件后果类型				
			人的因素	物的因素	环境因素	管理因素	易导致伤亡人员类型		人员伤亡		
							本人	他人	轻伤	重伤	死亡
	淹溺	沿河施工区域无防护或防护缺损的作业平台、不合格或破损的安全防护用品	1. 作业人员安全防护意识差； 2. 违章操作； 3. 未正确佩戴劳动防护用品	水上作业未设置安全防护设施	风力超过6级、雨雾天气，夜间照明不良等条件下进行水上作业	1. 交底培训不到位； 2. 现场监督检查不到位		√		√	√
盖板涵	高处坠落	无防护的高处作业	1. 管理人员违章指挥、强令冒险作业； 2. 人员身体健康状况异常、心理异常、感知异常(高血压、恐高症等)、辨识错误(作业人员操作错误或违章作业(人员酒后作业)； 3. 作业人员未正确使用安全防护用品(安全带、防滑鞋等)； 4. 人员疲劳作业	1. 安全防护用品质量不合格，存在缺陷； 2. 现场无警示标识或标识破损； 3. 高处作业场所未设置安全防护等措施(安全绳索)； 4. 未设置人员上下安全爬梯或设置不规范	1. 作业环境不佳，场地湿滑，不平整； 2. 6级以上大风、雷电、暴雨等恶劣天气； 3. 夜间施工照明不足	1. 安全教育、培训、交底，检查制度不完善未落实； 2. 职业健康、安全管理制度不完善，未落实(定期体检)； 3. 安全投入不足； 4. 高处作业不规范或规程不完善或操作未落实	√		√	√	√

续上表

施工作业内容	典型风险事件	致害物	致险因素				风险事件后果类型				
			人的因素	物的因素	环境因素	管理因素	易导致伤亡人员类型		人员伤亡		
							本人	他人	轻伤	重伤	死亡
盖板涵	坍塌	不稳定土体、砌体、结构物等	1.管理人员违章指挥，强令冒险作业（防护、放坡不及时）； 2.人员心理异常（冒险侥幸心理）； 3.作业人员操作错误； 4.违章作业违反劳动纪律行为（管理人员脱岗）	1.无警示信号或信号不清（紧急撤离信号）； 2.现场无警示标识或标识破损（警戒区、标牌、反光锥等）； 3.截排水设施不完善； 4.防护形式错误或防护材料（材料强度不足等）不合格； 5.基坑边沿停放重型机械或堆放渣土	1.存在滑坡、偏压等不良地质； 2.作业场地照明不足； 3.强风、暴雨、大雪等不良天气	1.施工方案不完善或未落实（掏底开挖，开挖完后上下重叠开挖，开挖完后未及时施工防护及排水）； 2.安全教育、培训交底，检查制度不完善或未落实； 3.安全投入不足	√	√	√	√	
通道	物体打击	作业平台、材料上的工具、材料坠落、基坑临边堆置物、作业过程中使用的工具、材料等	1.现场作业人员未正确使用安全防护用品（安全帽等）； 2.人员违章进入危险区域； 3.管理人员违章指挥，强令冒险作业； 4.作业人员身体健康状况异常、心理感知异常（反应迟钝、辨识错误）； 5.作业人员违章作业（违章抛物）	1.安全防护用品（安全帽等）不合格； 2.现场无警示标识或标识（警戒区、标牌、反光锥）破损； 3.作业过程中产生的坠落物（工具、材料等）	1.强风、暴雨、大雪、大雾等不良天气； 2.夜间施工照明不足； 3.作业场地杂乱	1.安全教育、培训交底，检查制度不完善或未落实； 2.安全防护用品未进行进场验收或验收不合格； 3.安全投入不足	√	√	√	√	√

续上表

施工作业内容	典型风险事件	致害物	致险因素			风险事件后果类型				
			人的因素	物的因素	环境因素	管理因素	易导致伤亡人员类型		人员伤亡		
							本人	他人	轻伤	重伤	死亡
通道	车辆伤害	混凝土罐车、运输车等	1.不当操作造成车辆安全装置失效。人员冒险进入危险场所（车辆倾倒区域）；2.汽、机驾人员有分散注意力行为，车辆冒险进入边坡临边位置；3.施工人员着不安全装束；4.现场指挥、警戒不当；5.管理令冒险作业指挥，强令人员视野盲区进入等；6.机驾人员未持有效证件上岗；7.机驾人员违章作业（违规载人，酒后驾驶，超速、超限、超载等）；8.机驾人员身体健康状况异常、心理感知异常（反应迟钝、辨识错误等）；9.现场人员疲劳作业。现场作业安全防护用品使用不正确（反光背心、安全帽等）	1.运输车辆未经检验或有缺陷；2.施工场地环境不良（如照明不佳，场地湿滑等）；3.个人防护用品用具缺少或有缺陷；4.安全警示标志、护栏等装置缺乏或有缺陷，车辆操作人员无上岗资格证；5.运输道路承载力不足；6.现场无警示标识或标识破损（警戒区、标牌、反光锥、反光贴等）；7.车辆"带病"作业（制动装置、喇叭、后视镜、警示灯等设施缺陷）；8.车辆作业安全距离不足	1.场地受限；2.道路不符合要求；3.大风、暴雨、低温等恶劣天气（不利于混凝土提升强度）；4.不稳定坡体	1.技术上的缺陷；2.操作者生理、心理上的缺陷；3.教育、交底不到位；4.管理上的缺失；5.未对车辆设备、安全防护用品等进行进场验收或验收验证不到位；6.车辆安全管理制度不完善或维护保养不到位；7.安全操作规程不规范或安全操作不落实（作业前对车辆周围环境进行检查）	√	√	√	√	√

续上表

施工作业内容	典型风险事件	致害物	致险因素				风险事件后果类型				
			人的因素	物的因素	环境因素	管理因素	易导致伤亡人员类型		人员伤亡		
							本人	他人	轻伤	重伤	死亡
通道	机械伤害	挖掘机、装载机及施工小型机具等	1. 人员违章进入危险区域（机械作业半径等）； 2. 管理人员违章指挥，强令冒险作业； 3. 机械操作人员未持有效证件上岗； 4. 机械操作人员操作错误、违章作业（违规载人、酒后作业）； 5. 操作人员身体健康状况异常、心理异常，感知异常（反应迟钝、辨识错误）； 6. 现场作业人员未正确使用安全防护用品（反光背心、安全帽、护目镜等）； 7. 机械操作人员疲劳作业	1. 现场无警示标识或标识破损（警戒区、标牌、反光贴等）； 2. 设备设施安全作业距离不足； 3. 设备带病作业（设备设施制动装置失效、运动或旋转防护装置缺陷等）； 4. 安全防护用品（反光背心、安全帽、护目镜等）不合格	1. 强风、暴雨、大雪、大雾等不良天气； 2. 作业场地狭窄，不平整、道路湿滑； 3. 夜间施工照明不足	1. 机械设备安全管理制度不完善或落实（检查维护保养不到位）； 2. 未对机械设备、安全防护用品等进行进场验收或验收不到位； 3. 安全教育、培训、交底不完善或落实不到位； 4. 机械设备操作规程不规范或落实不到位； 5. 安全投入不足		√	√	√	√

续上表

施工作业内容	典型风险事件	致害物	致险因素				风险事件后果类型				
			人的因素	物的因素	环境因素	管理因素	易导致伤亡人员类型		人员伤亡		
							本人	他人	轻伤	重伤	死亡
通道	起重伤害	起重设备、吊起的材料、吊具、吊索	1.人员违章进入危险区域；2.管理人员违章指挥、强令冒险作业（无司索信号工或指挥错误）；3.起重作业人员、司索信号工未持有效证件上岗；4.起重作业人员操作错误，违章作业（酒后作业，支腿未全部打开，支腿未垫枕木等）；5.起重人员身体健康状况异常、心理异常、感知异常（反应迟钝，辨识错误）；6.作业人员疲劳作业；7.现场作业人员未正确使用安全防护用品（反光背心、安全帽等）	1.现场无警示标识或标识破损（警戒区、标牌、反光锥等）；2.吊索、吊具不合格或达到报废标准（钢丝绳、吊带、U形卸扣等）；3.支垫材料（枕木、钢板等）不合格；4.无防护或防护装置缺陷（防脱钩装置、限位装置等）；5.起重机带"病"作业（制动装置等）；6.安全防护用品（反光背心、安全帽等）不合格；7.指挥信号不清、错误	1.雷雨大风（6级以上）、大雾等恶劣天气；2.作业场地承载力不足；3.作业场地不平整；4.夜间施工照明不足	1.起重吊装专项施工方案不完善或未落实；2.设备设施安全管理制度不完善或保养未落实（检查维护保养不到位）；3.起重吊装安全操作规程不规范或未落实；4.安全教育、培训、交底，检查制度不完善或未落实；5.未对机械设备、安全防护用品等进行进场验收或验收不到位；6.安全投入不足	√	√	√	√	√

— 60 —

续上表

施工作业内容	典型风险事件	致害物	致险因素				风险事件后果类型				
			人的因素	物的因素	环境因素	管理因素	易导致伤亡人员类型		人员伤亡		
							本人	他人	轻伤	重伤	死亡
通道	触电	破损的电缆、带电的振捣棒、带电材料、破损的电气设备设施	1.作业人员未正确使用安全防护用品（绝缘鞋、绝缘手套等）；2.作业人员操作错误或违章作业（带电检修维护）；3.管理人员违章指挥、强令冒险作业；4.电工未持有效证件上岗；5.作业人员疲劳作业	1.电缆线、配电箱等电气设施不合格（线路破损、老化）；2.电气设施设置不规范（电缆拖地、配电箱无支架等）；3.带电设施无警示标识或标识破损；4.安全防护装置不规范（未接地、无漏电保护器、接线端子无防护罩等）；5.防护不当，防护距离不足（配电柜、发电机无遮雨棚、防护围挡或防护破损）；6.振捣棒等设备损坏漏电	1.强风、雷雨、大雪等不良天气；2.作业场地杂乱，潮湿或积水；3.作业场地照明不足	1.临时用电方案不完善或未落实；2.发电机等安全操作规程不规范或落实等未进行；3.电工未对用电设施进行巡查或巡查不到位；4.机械设备安全管理制度未落实（发电机、振捣棒等机具检查维护保养不到位；6.安全教育、培训、交底、检查、监督检查不到位，安全投入不足	√	√	√	√	√
	淹溺	施工区域无防护或防护缺损的作业平台，不合格或破损的安全防护用品	1.作业人员安全防护意识差；2.违章操作；3.未正确佩戴劳动防护用品	水上作业未设置安全防护设施	风力超过6级、雨雾天气、夜间照明不足等条件下进行水上作业	1.交底培训不到位；2.现场监督检查不到位；3.管理不到位	√	√	√	√	√

续上表

施工作业内容	典型风险事件	致害物	致险因素				风险事件后果类型				
			人的因素	物的因素	环境因素	管理因素	易导致伤亡人员类型		人员伤亡		
							本人	他人	轻伤	重伤	死亡
通道	高处坠落	无防护的高处作业	1. 管理人员违章指挥、强令冒险作业状况； 2. 人员身体健康状况异常（高血压、恐高症、感知异常、心理异常、反应迟钝、辨识错误等）；作业人员操作错误或违章作业（人员酒后作业）； 3. 作业人员未正确使用安全防护用品（安全带、防滑鞋等）； 4. 人员疲劳作业	1. 安全防护用品质量不合格，存在缺陷； 2. 现场无警示标识或标识破损； 3. 高处作业场所未设置安全防护等措施（安全绳索）； 4. 未设置爬梯或设置不规范	1. 作业环境不佳，场地湿滑、不平； 2. 6级以上大风、雷电、暴雨等恶劣天气； 3. 夜间施工照明不足	1. 安全教育、培训、交底、检查制度不完善或未落实； 2. 职业健康安全管理制度不完善，未落实（定期体检）； 3. 安全投入不足； 4. 高处作业安全操作规程不规范或未落实	√			√	√
	坍塌	不稳定土体、砌体、结构物等	1. 管理人员违章指挥、强令冒险作业（防护放坡不及时）； 2. 人员心理异常（冒险侥幸心理）； 3. 作业人员操作错误； 4. 违章作业违反劳动纪律行为（管理人员脱岗）	1. 无警示信号或信号不清（紧急撤离信号）； 2. 现场无警示标识、标识（警戒区、标牌、反光锥等）破损； 3. 截排水设施不完善； 4. 防护形式错误或防护材料（材料强度不足等）不合格； 5. 基坑边沿停放重型机械或堆放弃土	1. 存在滑坡、偏压等不良地质； 2. 作业场地照明不足； 3. 强风、暴雨、大雪等不良天气	1. 施工方案不完善或未落实（掏底开挖或上下重叠开挖，开挖完后未及时施工防护及排水）； 2. 安全教育、培训、交底、检查制度不完善或未落实； 3. 安全投入不足	√	√	√	√	√

第五章 路基路面工程施工主要安全风险分析

第三节 路基土石方施工主要安全风险分析

路基土石方主要包括路基挖方(土方、石方)、路基填方(土方、石方)等施工内容,从人的因素、物的因素、环境因素及管理因素分析致险因素,结果见表5-3。

表5-3 路基土石方施工主要安全风险分析

施工作业内容	典型风险事件	致害物	致险因素				风险事件后果类型				
			人的因素	物的因素	环境因素	管理因素	易导致伤亡人员类型		人员伤亡		
							本人	他人	轻伤	重伤	死亡
路基挖方(土方、石方)	物体打击	爆炸产生的飞石、高处坠落的危石及坠落人等	1.现场作业人员未正确使用安全防护用品(安全帽等); 2.人员违章进入危险区域; 3.管理人员违章指挥、强令冒险作业; 4.作业人员身体健康状况异常、心理异常、感知异常(反应迟钝、辨识错误); 5.作业人员操作错误、违章作业(违章抛物)	1.安全防护用品(安全帽等)不合格; 2.现场无警示标识或标识(警戒区、标牌、反光锥等)破损; 3.作业过程中产生的坠落物(飞石、工具、材料等)	1.强风、暴雨、大雪、大雾等不良天气; 2.夜间施工照明不足; 3.作业场地杂乱	1.安全教育、培训、交底、检查制度不完善或未落实; 2.安全防护用品等未进行进场验收或验收不到位; 3.安全投入不足	√	√	√	√	√

续上表

施工作业内容	典型风险事件	致害物	致险因素				风险事件后果类型					
			人的因素	物的因素	环境因素	管理因素	易导致伤亡人员类型		人员伤亡			
							本人	他人	轻伤	重伤	死亡	
路基挖方（土方、石方）	车辆伤害	自卸车等	1.不当操作造成车辆安全装置失效、人员冒险进入危险场所（车辆倒车区域）；2.汽、机驾人员有分散注意力行为，车辆冒险进入边坡临边位置；3.施工人员着装不规范；4.现场指挥、警戒不当；5.管理人员违章指挥，强令冒险作业；6.机驾人员无有效证件上岗、违章作业（违规载人、酒后驾驶、超速、超载、超限等）；7.机驾人员身体健康状况异常、心理异常、感知异常（反应迟钝、辨识错误）；8.机驾人员疲劳作业、现场作业人员未正确使用安全防护用品（反光背心、安全帽等）	1.运输车辆未经检验或有缺陷；2.施工场地环境不佳、场地湿滑（如照明不良等）；3.个人防护用品用具缺少或有缺陷；4.安全警示标志、护栏等安全装置缺乏或有缺陷，车辆操作人员无上岗资格证；5.运输道路承载力不足；6.现场无警示标识或标识破损（警戒区、反光锥、标牌、反光贴等）；7.车辆"带病"作业（制动装置、喇叭、后视镜、警示灯等设施缺陷）；8.车辆作业安全距离不足	1.场地受限；2.道路不符合要求；3.大风、暴雨、低温等恶劣天气；4.不稳定坡体	1.技术上的缺陷；2.安全教育、交底不到位；3.管理上的缺失；4.未对车辆等进行安全防护设备、安全防护用品等进场验收或验收不到位；5.车辆安全管理制度不完善或落实（检查维护保养不到位）；6.安全操作规程不规范或未落实（作业前未对车辆周围环境进行检查）	√	√	√	√	

续上表

施工作业内容	典型风险事件	致害物	致险因素				风险事件后果类型				
			人的因素	物的因素	环境因素	管理因素	易导致伤亡人员类型		人员伤亡		
							本人	他人	轻伤	重伤	死亡
路基挖方（土方、石方）	机械伤害	挖掘机、装载机、推土机、镐头机等	1. 人员违章进入危险区域（机械作业半径等）； 2. 管理人员违章指挥，强令冒险作业； 3. 机械操作人员未持有效证件上岗； 4. 机械操作人员操作错误，违章作业（违规载人，酒后作业）； 5. 操作人员身体健康状况异常，心理异常，感知异常（反应迟钝，辨识错误）； 6. 现场作业人员未正确使用安全防护用品（反光背心、安全帽等）； 7. 机械操作人员疲劳作业	1. 现场无警示标识或标识破损（警戒区，标牌，反光贴等）； 2. 设备设施安全作业距离不足； 3. 设备带病作业（设备设施制动装置失效，运动或旋转装置无防护或防护装置缺陷等）； 4. 安全防护用品（反光背心、安全帽，护目镜等）不合格	1. 强风，暴雨，大雪，大雾等不良天气； 2. 作业场地狭窄，不平整，道路湿滑； 3. 夜间施工照明不足	1. 机械设备安全管理制度不完善或落实不到位（检查维护保养不到位）； 2. 未对机械设备、安全防护用品等进行进场验收或验收未落实； 3. 安全教育，培训，交底制度不完善或未落实； 4. 机械设备操作规程不规范或未落实； 5. 安全投入不足	√	√	√	√	√

续上表

施工作业内容	典型风险事件	致害物	致险因素				风险事件后果类型				
			人的因素	物的因素	环境因素	管理因素	易导致伤亡人员类型		人员伤亡		
							本人	他人	轻伤	重伤	死亡
路基挖方(土方、石方)	高处坠落	陡坡临边处、坍塌等	1. 作业人员未正确使用安全防护用品（安全带、防滑鞋等）；2. 作业人员身体健康状况异常、心理异常，感知异常（高血压、恐高症等禁忌症，反应迟钝，辨识错误）；3. 作业人员疲劳作业、管理人员违章指挥、强令冒险作业；4. 作业人员操作错误或违章作业	1. 临边高处作业场所未设置安全防护等措施、未设置安全警示标志或标识破损；2. 安全防护用品质量不合格，存在缺陷；3. 未设置或设置不规范安全爬梯或设置人员上下安全爬梯不规范	1. 大风、雷电、大雪、暴雨等恶劣天气；2. 夜间施工照明不足；3. 作业场地不平整、湿滑	1. 安全教育、培训、交底、检查制度不完善或未落实；2. 职业健康、安全管理制度不完善或未落实；3. 安全投入不足；4. 高处作业安全操作规程不规范或未落实；5. 安全防护用品等未进行进场验收或验收不到位	√		√	√	√
	坍塌	不稳定土体	1. 管理人员违章指挥、强令冒险作业（防护、放坡不及时）；2. 人员心理异常（冒险侥幸心理）；3. 作业人员操作错误；4. 违章作业违反劳动纪律、违章行为（管理人员脱岗）	1. 无警示信号或信号（紧急撤离信号）不清；2. 现场无警示标识或标识（警戒区、标牌）破损；3. 截排水设施不完善；4. 防护形式或防护材料不合格（材料强度不足等）；5. 边坡边沿停放重型机械或堆放渣土	1. 存在滑坡、偏压等不良地质；2. 作业场地照明不足；3. 强风、暴雨、大雪等不良天气；4. 未设置完善的地表和地下排水系统，防护未及时施做，导致雨水冲刷等出现的坍塌	1. 施工方案不完善或未落实（掏底开挖或上下重叠开挖，开挖完成后未及时改做及安排水），或未采取改善基底条件、设置支挡结构物、加筋等加固措施，导致路基不稳定；2. 安全教育、培训、交底、检查制度不完善或未落实；3. 安全投入不足	√	√	√	√	√

续上表

施工作业内容	典型风险事件	致害物	致险因素				风险事件后果类型				
			人的因素	物的因素	环境因素	管理因素	易导致伤亡人员类型		人员伤亡		
							本人	他人	轻伤	重伤	死亡
路基挖方（土方、石方）	坍塌	不稳定土体				4. 施工前未有效对场地水文地质条件、填料来源及其性质、地基处理、结构形式、排水设施、边坡防护等进行了解； 5. 施工过程中未根据实际情况变化，及时调整设计，保证路基稳定； 6. 地基承载力核验不准，对土石方材料的物理力学参数研究不足； 7. 压实度不足或未体导致坍塌； 8. 边坡形式和坡率与工程地质条件、填料性质、坡高度等不符，导致坍塌； 9. 未开展或未严格执行沉降控制。必要时，未采取增强补压，铺设土工合成材料等综合措施； 10. 高路堤填筑未根据实际情况预留一个雨季实际的沉降期					

续上表

施工作业内容	典型风险事件	致害物	致险因素				风险事件伤亡	人员伤亡后果类型			
			人的因素	物的因素	环境因素	管理因素	易导致伤亡人员类型		人员伤亡		
							本人	他人	轻伤	重伤	死亡
路基挖方（土方、石方）	爆炸	火工品、爆破引起的飞石和冲击波	1.爆破相关作业人员未持有效证件上岗；2.作业人员操作错误或违章作业；3.现场未正确使用安全防护用品（防静电服等）；4.管理人员违章指挥、强令冒险作业；5.作业人员疲劳作业；6.作业人员身体健康状况异常、心理异常、感知异常（反应迟钝、辨识错误）；7.警戒人员现场警戒不到位（脱岗等违反劳动纪律）；8.人员违章进入爆破区域	1.现场无警示标识或标识破损（爆破警戒区、爆破公告等）；2.爆破无指挥信号或信号不清；3.爆破器材不合格或发生故障；4.爆破的安全距离不足；5.爆破产生的飞溅物	1.雷电、暴雨、大雪、大雾等恶劣天气；2.作业区域照明不足；3.周边存在建（构）筑物或公共设施	1.爆破专项施工方案不完善或未落实，爆破方法及用药量未按方案实施，盲炮未及时排查处理，人员机械未撤离至安全区域；2.安全教育、培训、交底、检查制度不完善或未落实；3.火工品管理制度不完善或未落实；4.未对爆破施工队伍、作业人员进行资质审查；5.爆破作业安全操作规程不规范或未落实；6.安全投入不足	√	√	√	√	√

— 68 —

续上表

施工作业内容	典型风险事件	致害物	致险因素				风险事件伤亡				
			人的因素	物的因素	环境因素	管理因素	易导致伤亡人员类型		人员伤亡		
							本人	他人	轻伤	重伤	死亡
路基填方（土方、石方）	物体打击	作业过程中产生的工具、材料等	1. 现场作业人员未正确使用安全防护用品（安全帽等）；2. 人员违章进入危险区域；3. 管理人员违章指挥、强令冒险作业；4. 作业人员身体健康状况异常、心理异常（反应迟钝、辨识错误）；5. 违章作业（违章抛物）	1. 安全防护用品（安全帽等）不合格；2. 现场无警示标识或标识破损（警戒区、标牌、反光锥）；3. 作业过程中产生的坠落物（工具、材料等）	1. 强风、暴雨、大雪、大雾等不良天气；2. 夜间施工照明不足；3. 作业场地杂乱	1. 安全教育、培训、交底、检查制度未落实；2. 安全防护用品等未进行进场验收或验收不到位；3. 安全投入不足；4. 未保持有效安全距离	√	√	√	√	√
	车辆伤害	自卸车等	1. 不当操作造成车辆安全装置失效；2. 人员冒险进入危险场所（车辆倒车区域）；3. 汽、机驾人员有分散注意力行为、车辆冒险进入边坡临边位置	1. 运输车辆未经检验或有缺陷；2. 施工场地环境不良（如照明不佳、场地湿滑等）；3. 个人防护用品用具缺少或有缺陷	1. 场地受限；2. 道路不符合要求；3. 大风、暴雨、低温等恶劣天气（不利于混凝土提升强度）；4. 不稳定坡体	1. 技术上的缺陷；2. 操作者生理、心理上的缺陷；3. 教育、交底不到位；4. 管理上的缺失	√	√	√	√	

续上表

施工作业内容	典型风险事件	致害物	致险因素				风险事件后果类型				
			人的因素	物的因素	环境因素	管理因素	易导致伤亡人员类型		人员伤亡		
							本人	他人	轻伤	重伤	死亡
路基填方（土方、石方）	车辆伤害	自卸车等	4. 施工人员着不安全装束； 5. 现场指挥、警戒不当； 6. 管理人员违章指挥、强令冒险作业（进入驾驶员视野盲区等）； 7. 机驾操作人员未持有效证件上岗； 8. 机驾人员操作错误、违章作业（违规载人、酒后驾驶、超速、超限、超载作业）； 9. 机驾人员身体健康状况异常、心理异常、感知异常（反应迟钝、辨识错误）； 10. 机驾人员疲劳作业； 11. 现场作业人员未正确使用安全防护用品（反光背心、安全帽等）	4. 安全警示标志、护栏等装置缺乏或有缺陷； 5. 车辆操作人员无上岗资格证； 6. 运输道路承载力不足； 7. 现场无警示标识或标识（警戒区、标牌、反光锥、反光贴等）破损； 8. 车辆带"病"作业（制动装置、喇叭、后视镜、警示灯等设施缺陷）； 9. 车辆作业安全距离不足		5. 未对车辆设备、安全防护用品等进行进场验收或验收不到位； 6. 车辆安全管理制度不完善或管理落实不到位，维护保养未到位； 7. 安全操作规程不规范或未落实（作业前未对车辆周围环境进行检查）					

— 70 —

续上表

施工作业内容	典型风险事件	致害物	致险因素				风险致伤亡人员类型		风险事件后果类型		
			人的因素	物的因素	环境因素	管理因素	本人	他人	轻伤	重伤	死亡
路基填方（土方、石方）	机械伤害	挖掘机、装载机、推土机、压路机、平地机等	1.人员违章进入危险区域（机械作业半径等）； 2.管理人员违章指挥，强令冒险作业； 3.机械操作人员未持有效证件上岗； 4.机械操作人员操作错误、违章作业（违规载人、酒后作业）； 5.操作人员身体健康状况异常、心理异常，感知异常（反应迟钝、辨识错误）； 6.现场作业人员未正确使用安全防护用品（反光背心、安全帽）等； 7.机械操作人员疲劳作业	1.现场无警示标识或标识（警戒区、标牌、反光贴等）破损； 2.设备设施安全作业距离不足； 3.设备带"病"作业（设备设施制动装置无效、运动部件防护或防护装置缺陷等）； 4.安全防护用品（反光背心、安全帽、护目镜等）不合格	1.强风、暴雨、大雪、大雾等不良天气； 2.作业场地狭窄、不平整、道路湿滑； 3.夜间施工照明不足	1.机械设备安全管理制度不完善或保养维护落实不到位（检查验收或验收验不到位）； 2.未对机械设备、安全防护用品等进行进场验收验收未落实； 3.安全教育、培训、交底制度不完善或落实不到位； 4.机械设备操作规程不规范或落实不到位； 5.安全投入不足		√	√	√	√

第四节 防护工程施工主要安全风险分析

防护工程主要包括高边坡、挡土墙、坞工防护等施工内容,从人的因素、物的因素、环境因素及管理因素分析致险因素,结果见表5-4。

表5-4 防护工程施工主要安全风险分析

施工作业内容	典型风险事件	致害物	致险因素				风险事件后果类型				
			人的因素	物的因素	环境因素	管理因素	易导致伤亡人员类型		人员伤亡		
							本人	他人	轻伤	重伤	死亡
高边坡	物体打击	作业平台工具、作业过程中使用的工具、材料等	1.现场作业人员未正确使用安全防护用品(安全帽等); 2.人员违章进入危险区域; 3.管理人员违章指挥,强令冒险作业; 4.作业人员身体健康状况异常、心理异常,感知异常(反应迟钝、辨识错误); 5.作业人员违章作业(违章抛物)	1.安全防护用品(安全帽等)不合格; 2.现场无警示标识或标识(警戒区、标牌、反光锥等)破损; 3.作业过程中产生的坠落物(工具、材料等)	1.强风、暴雨、大雪、大雾等不良天气; 2.夜间施工照明不足; 3.作业场地杂乱	1.安全教育、培训、交底、检查制度不完善或未落实; 2.安全防护用品等未进行进场验收或验收不到位; 3.安全投入不足	√	√	√	√	√

— 72 —

第五章　路基路面工程施工主要安全风险分析

续上表

施工作业内容	典型风险事件	致害物	致险因素				风险事件后果类型				
			人的因素	物的因素	环境因素	管理因素	易导致伤亡人员类型		人员伤亡		
							本人	他人	轻伤	重伤	死亡
高边坡	车辆伤害	运输车	1.不当操作造成车辆安全装置失效；2.人员冒险进入危险场所（车辆倒车区域）；3.汽、机驾人员有分散注意力行为，车辆冒险进入边坡临边位置；4.施工人员着装不安全装束；5.现场指挥、警戒不当；6.管理人员违章指挥，强令冒险作业（进入驾驶员视野盲区等）；7.机驾人员未持有效证件上岗。违章操作错误，违章驾驶（违规载人，酒后驾驶，超速、超限、超载等）；8.机驾人员身体健康状况异常、心理异常、感知异常（反应迟钝、辨识错误）；9.现场作业人员疲劳作业。现场人员未正确使用安全防护用品（反光背心、安全帽等）	1.运输车辆未经检验或有缺陷；2.施工场地环境不良（如照明不佳、场地湿滑等）；3.个人防护用品用具缺少或有缺陷；4.安全警示标志、护栏等装置缺乏或有缺陷；5.车辆操作人员无上岗资格证；6.运输道路承载力不足；7.现场无警示标识或标识、标牌、反光贴）破损；8.车辆带"病"作业（制动装置、喇叭、后视镜、警示灯等设施缺陷）；9.车辆作业安全距离不足	1.场地受限；2.道路不符合要求；3.大风、暴雨、低温等恶劣天气（不利于混凝土提升强度）；4.不稳定坡体	1.技术上的缺陷；2.操作者生理、心理上的缺陷；3.教育、交底不到位；4.管理上的缺失；5.未对车辆设备、安全防护用品等进行进场验收或验收不到位；6.车辆安全管理制度不完善或落实（检查维护保养不到位）；7.安全操作规程不规范或未落实（作业前未对车辆周围环境进行检查）	√	√	√	√	

— 73 —

续上表

施工作业内容	典型风险事件	致害物	致险因素				风险事件后果类型			
			人的因素	物的因素	环境因素	管理因素	易导致伤亡人员类型		人员伤亡	
							本人	他人	轻伤	重伤	死亡
高边坡	机械伤害	挖掘机、装载机及施工小型机具等	1. 人员违章进入危险区域（机械作业半径等）； 2. 管理人员违章指挥，强令冒险作业。机械操作人员未持有效证件上岗； 3. 机械操作人员操作错误，违章作业（违规载人、酒后作业）； 4. 操作人员身体健康状况异常、心理异常，感知异常（反应迟钝、辨识错误）； 5. 现场作业人员未正确使用安全防护用品（反光背心、安全帽等）； 6. 机械操作人员疲劳作业	1. 现场无警示标识或标识（警戒区、标牌、反光贴等）破损； 2. 设备设施安全作业距离不足； 3. 设备设施"带病"作业（设备、运动或转动装置失效、防护或防护装置无效、防护装置缺陷等）； 4. 安全防护用品（反光背心、安全帽、护目镜等）不合格	1. 强风、暴雨、大雪、大雾等不良天气； 2. 作业场地狭窄、不平整、道路湿滑； 3. 夜间施工照明不足	1. 机械设备安全管理制度不完善或维护保养不到位（检查不落实，安全防护未落实到位）； 2. 未对机械设备、安全防护用品等进行进场验收或验收不到位； 3. 安全教育、培训、交底制度不完善或未落实； 4. 机械设备操作规程不规范或未落实； 5. 安全投入不足		√	√	√	√

续上表

施工作业内容	典型风险事件	致害物	致险因素				风险事件后果类型			
			人的因素	物的因素	环境因素	管理因素	易导致伤亡人员类型		人员伤亡		
							本人	他人	轻伤	重伤	死亡
高边坡	起重伤害	起重设备、吊索的材料、吊具吊索	1. 人员违章进入危险区域； 2. 管理人员违章指挥，强令冒险施工或指挥错误； 3. 起重号工未持有效证件上岗； 4. 起重作业人员操作错误，违章作业（酒后作业、支腿未垫枕木等）； 5. 起重人员身体健康状况异常、心理异常、感知异常（反应迟钝、辨识错误）； 6. 作业人员疲劳作业； 7. 现场作业人员未正确使用安全防护用品（反光背心、安全帽等）	1. 现场无警示标识或标识（警戒区、标牌、反光锥等）破损； 2. 吊索、吊具达到报废标准或未达到报废标准（钢丝绳、吊带、U形卸扣等）； 3. 支垫材料（枕木、钢板等）不合格； 4. 无防护或防护装置、限位缺陷（防脱钩装置等）装置等）； 5. 起重机带"病"作业（制动装置等） 6. 安全防护用品（反光背心、安全帽等）不合格； 7. 指挥信号不清、错误	1. 雷雨大风（6级以上）、大雾等恶劣天气； 2. 作业场地承载不足； 3. 作业场地不平整； 4. 夜间施工照明不足	1. 起重吊装专项施工方案不落实； 2. 设备设施安全管理制度不完善或未落实（检查维护保养不到位）； 3. 起重吊装安全操作规程不规范或未落实； 4. 安全教育、培训、交底、检查不到位，未对机械设备、安全防护用品等进行进场验收或验收不落实； 5. 未对机械设备、安全防护用品等进行进场验收或验收不落实； 6. 安全投入不足	√		√	√	√

续上表

施工作业内容	典型风险事件	致害物	致险因素				风险事件后果类型				
			人的因素	物的因素	环境因素	管理因素	易导致伤亡人员类型		人员伤亡		
							本人	他人	轻伤	重伤	死亡
高边坡	触电	破损的电缆、带电的材料、破损漏电的电气设备设施	1.作业人员未正确使用安全防护用品(绝缘鞋、绝缘手套等); 2.作业人员操作错误或违章作业(带电检修维护); 3.管理人员违章指挥、强令冒险作业; 4.电工未持有效证件上岗; 5.作业人员疲劳作业	1.电缆线、配电箱等电气设施(线路破损、老化)不合格; 2.电气设施设置不规范(电缆拖地、配电箱无支架等); 3.带电设施无警示标识或标识破损; 4.安全防护装置不规范(未接地、无漏电保护器,接线端子无防护罩等); 5.防护不当,防护距离不足(配电柜、发电机无遮雨棚、防护围挡或防护破损); 6.振捣棒等设备损坏漏电	1.强风、雷雨、大雪等不良天气; 2.作业场地杂乱,潮湿或积水; 3.作业场地照明不足	1.临时用电方案不完善或未落实; 2.发电机等安全操作规程不规范或未落实; 3.电气设施材料未进行进场验收; 4.电工未对用电设施进行巡查或巡查不到位; 5.机械设备安全管理制度未落实(发电机、振捣棒等机具检查维护保养不到位); 6.安全教育、培训、交底、检查制度不完善或未落实; 7.安全投入不足	√		√	√	√

第五章 路基路面工程施工主要安全风险分析

续上表

施工作业内容	典型风险事件	致害物	致险因素			风险致伤亡人员类型		人员伤亡后果类型		
			人的因素	物的因素	环境因素	管理因素	易导致伤亡人员类型		人员伤亡后果类型	
							本人	他人	轻伤	重伤	死亡
高边坡	高处坠落	无防护的作业平台、施工人员受自身重力运动	1.作业人员未正确使用安全防护用品（安全带、防滑鞋等）；2.作业人员身体健康状况异常，心理异常，感知异常（高血压、恐高症等禁忌症），反应迟钝，辨识错误）；3.作业人员疲劳作业，管理人员违章指挥，强令冒险作业；4.作业人员操作错误或违章作业	1.高处作业场所未设置安全防护措施（安全绳索、防坠网）；2.未设置安全警示标志或标识破损；3.安全防护用品质量不合格，存在缺陷；4.未设置或设置安全爬梯上下安全爬梯不规范	1.大风、雷电、大雪、暴雨等恶劣天气；2.夜间施工照明不足；3.作业场地不平整、湿滑	1.安全教育、培训、交底、检查制度不完善或未落实；2.职业健康安全管理制度不完善未落实（定期体检）；3.安全投入不足；4.高处作业安全操作规程不规范或未落实；5.安全防护用品等未进行进场验收或验收不到位	√			√	√
	坍塌	不稳定土体、砌体、结构物等	1.管理人员违章指挥、强令冒险作业（防护、放坡不及时）；2.人员心理异常（冒险侥幸心理）；3.作业人员操作错误；	1.无警示信号或信号不清（紧急撤离信号）；2.现场无警示标识或标识（警戒区、标牌、反光锥等）破损	1.存在滑坡、偏压等不良地质；2.作业场地照明不足；3.强风、暴雨、大雪等不良天气	1.施工方案不完善或未落实；2.安全教育、培训、交底、检查制度不落实；3.安全投入不足；	√	√	√	√	√

续上表

施工作业内容	典型风险事件	致害物	致险因素				风险事件后果类型			
			人的因素	物的因素	环境因素	管理因素	易导致伤亡人员类型		人员伤亡		
							本人	他人	轻伤	重伤	死亡
高边坡	坍塌	不稳定土体、砌体、结构物等	4.违章作业违反劳动纪律行为（管理人员脱岗）	3.截排水设施不完善；4.防护形式错误或防护材料不合格（材料强度不足等）；5.基坑边沿停放重型机械或堆放渣土		4.施工前未有效对场地水文地质条件、填料来源及其性质、地基处理、结构形式、排水设施、边坡防护等进行了解；5.施工过程中未根据实际情况变化，及时调整设计，保证边坡稳定；6.边坡形式和坡率与工程地质条件、路基边坡高度、填料性质等不符，导致坍塌；7.未开展沉降控制，必要时，行沉降补压，铺设未采取增强、铺设土工合成材料等综合措施					

第五章 路基路面工程施工主要安全风险分析

续上表

施工作业内容	典型风险事件	致害物	致险因素				风险事件后果类型				
			人的因素	物的因素	环境因素	管理因素	易导致伤亡人员类型		人员伤亡		
							本人	他人	轻伤	重伤	死亡
高边坡	爆炸	火工品、爆破引起的飞石和冲击波	1. 爆破相关作业人员未持有效证件上岗； 2. 作业人员操作错误或违章作业； 3. 现场作业人员未正确使用安全防护用品（防静电服等）； 4. 管理人员违章指挥，强令冒险作业； 5. 作业人员疲劳作业； 6. 作业人员身体健康状况异常、心理异常、感知异常（反应迟钝、辨识错误）； 7. 警戒人员现场警戒不到位（脱岗）等违反劳动纪律； 8. 人员违章进入爆破区域	1. 现场无警示标识或标识破损（爆破警戒区、爆破公告等）； 2. 爆破无指挥信号或信号不清； 3. 爆破器材不合格或发生故障； 4. 爆破的安全距离不足； 5. 爆破产生的飞溅物	1. 雷电、暴雨、大雪、大雾等恶劣天气； 2. 作业区域照明不足； 3. 周边存在建（构）筑物或公共设施	1. 爆破专项施工方案不完善或未落实（爆破方法及用药量未及时排查实施、盲炮未及时处理、人员机械未撤离至安全区域）； 2. 安全教育、培训、交底、检查制度不完善或未落实； 3. 火工品管理制度不完善或未落实； 4. 未对爆破施工队伍、作业人员进行资质审查； 5. 爆破作业安全操作规程不规范或未落实； 6. 安全投入不足	√	√	√	√	√

续上表

施工作业内容	典型风险事件	致害物	致险因素				风险事件后果类型				
			人的因素	物的因素	环境因素	管理因素	易导致伤亡人员类型		人员伤亡		
							本人	他人	轻伤	重伤	死亡
高边坡	涌水突泥	富水、高压、不良地质	1.管理人员违章指挥,强令冒险作业(防护不到位); 2.人员心理异常(冒险侥幸心理); 3.作业人员操作错误; 4.违章作业违反劳动纪律行为(管理人员脱岗)	1.无警示信号或信号不清(紧急撤离信号); 2.现场无警示标识或标牌破损、反光锥等; 3.截排水设施不完善; 4.防护形式错误或防护材料不合格(材料强度不足等)	1.存在富水、高压等不良地质; 2.作业场地照明不足	1.施工方案不完善或未落实; 2.安全教育、培训、交底、检查制度不完善或未落实; 3.安全投入不足; 4.施工前未有效对场地水文地质条件、地基构造及其性质,排水设施、边坡处理、结构形式进行了解; 5.施工过程中未根据实际情况变化,及时调整设计,保证边坡稳定	√			√	√
挡土墙	物体打击	作业平台工具、材料、作业过程中使用的工具、材料等	1.现场作业人员未正确使用安全防护用品(安全帽等); 2.人员违章进入危险区域; 3.管理人员违章指挥,强令冒险作业; 4.作业人员身体健康状况异常、心理异常、感知异常(反应迟钝,辨识错误); 5.作业人员违章作业(违章抛物)	1.安全防护用品(安全帽等)不合格; 2.现场无警戒区、标识(警戒区、标牌、反光锥等)破损; 3.作业过程中产生的坠落物(工具、材料等)	1.强风、暴雨、大雪、大雾等不良天气; 2.夜间施工照明不足; 3.作业场地杂乱	1.安全教育、培训、交底、检查制度不完善或未落实; 2.安全防护用品等进行进场验收不到位; 3.安全投入不足		√	√		

第五章 路基路面工程施工主要安全风险分析

续上表

施工作业内容	典型风险事件	致害物	致险因素				风险事件后果类型				
			人的因素	物的因素	环境因素	管理因素	易导致伤亡人员类型		人员伤亡		
							本人	他人	轻伤	重伤	死亡
挡土墙	车辆伤害	自卸车、混凝土罐车、运输车等	1.不当操作造成车辆安全装置失效。人员冒险进入危险场所(车辆倒车区域); 2.汽、机驾人员有分散注意力行为,车辆冒险进入边坡临边位置; 3.施工人员着人安全装束; 4.现场指挥、警戒不当; 5.管、强令冒险作业(进入驾驶员视野盲区等); 6.机驾人员违章操作,违章作业(违规载人、酒后驾驶、超速、超限、超载作业); 7.违章作业人员操作错误,违章作业; 8.机驾人员身体健康状况异常、心理异常、反应迟钝、辨识知异常(反应迟钝、辨识错误); 9.机驾人员疲劳作业; 10.现场作业人员未正确使用安全防护用品(反光背心、安全帽等)	1.运输车辆未经检验或有缺陷; 2.施工场地环境不良(如照明不佳、场地湿滑等); 3.个人防护用品用具缺少或有缺陷; 4.安全警示标志、护栏等装置缺乏或有缺陷,车辆操作人员无上岗资格证; 5.运输道路承载力不足; 6.现场无警示标识(警戒区、标牌、反光带、反光贴等)破损; 7.车辆带"病"作业(制动装置、喇叭、后视镜、警示灯等设施缺陷); 8.车辆作业安全距离不足	1.场地受限; 2.道路不符合要求; 3.大风、暴雨、低温等恶劣天气; 4.不稳定坡体	1.技术上的缺陷; 2.教育、交底不到位; 3.管理上的缺失; 4.未对车辆设备、安全防护用品等进行进场验收或验收不到位; 5.车辆安全管理制度不完善或落实(检查、维护保养)不到位; 6.安全操作规程不规范或未落实(作业前未对车辆周围环境进行检查)	√	√	√	√	√

— 81 —

续上表

施工作业内容	典型风险事件	致害物	致险因素 人的因素	致险因素 物的因素	致险因素 环境因素	致险因素 管理因素	风险事件后果类型 易导致伤亡人员类型 本人	风险事件后果类型 易导致伤亡人员类型 他人	风险事件后果类型 人员伤亡 轻伤	风险事件后果类型 人员伤亡 重伤	风险事件后果类型 人员伤亡 死亡
挡土墙	机械伤害	挖掘机、装载机及施工小型机具等	1.人员违章进入危险区域（机械作业半径等）；2.管理人员违章指挥，强令冒险作业；3.机械操作人员未持有效证上岗；4.机械操作人员操作错误、违章作业（违规载人、酒后作业）；5.操作人员身体健康状况异常、心理异常等异常、反应迟钝、辨识知异常（反应迟钝、辨识错误）；6.现场作业人员未正确使用安全防护用品（反光背心、安全帽等）；7.机械操作人员疲劳作业	1.现场无警示标识或标识（警戒区、标牌、反光贴等）破损；距离不足；2.设备带病作业；3.设施控制或转动装置失效、设防护装置缺陷等）运动或转动装置无防护或防护装置缺陷等；4.安全防护用品（反光背心、安全帽、护目镜等）不合格	1.强风、暴雨、大雪、大雾等不良天气；2.作业场地狭窄、不平整、道路湿滑；3.夜间施工照明不足	1.机械设备安全管理制度不完善或落实不到位（检查维护保养未落实到位）；2.未对机械设备、安全防护用品等进行进场验收或验收不到位；3.安全教育、培训、交底制度不完善或落实不到位；4.机械设备操作规程不规范或落实不到位；5.安全投入不足		√	√	√	√

续上表

施工作业内容	典型风险事件	致害物	致险因素			风险事件后果类型				
			人的因素	物的因素	环境因素	管理因素	易导致伤亡人员类型		人员伤亡		
							本人	他人	轻伤	重伤	死亡
挡土墙	触电	破损的电缆、带电的振捣棒、破损材料、带电的电气设备设施	1.作业人员未正确使用安全防护用品（绝缘鞋、绝缘手套等）；2.作业人员操作错误或违章作业（带电检修维护）；3.管理人员违章指挥、强令冒险作业；4.电工未持有效证件上岗；5.作业人员疲劳作业	1.电缆线、配电箱等电气设施不合格（线路破损、老化）；2.电气设施设置不规范（电缆拖地、配电箱无支架等）；3.带电设施无警示标识或标识破损；4.安全防护装置不规范、无漏电保护器、接线端子无防护罩等；5.防护不当、防护距离不足（配电柜、发电机无遮雨棚、防护网破损）；6.振捣棒等设备损坏漏电	1.强风、雷雨、大雪等不良天气；2.作业场地杂乱、潮湿或积水；3.作业场地照明不足	1.临时用电方案不完善或未落实；2.发电机等安全操作规程不规范或未落实；3.电气设施材料等未进行进场验收；4.电工未对用电设施进行巡查或巡查不到位；5.机械设备安全管理制度未落实（发电机、振捣棒等机具检查维护保养不到位）；6.安全教育、培训、交底、检查制度不完善或未落实；7.安全投入不足	√			√	√

续上表

施工作业内容	典型风险事件	致险因素				风险事件后果类型				
						易导致伤亡人员类型		人员伤亡		
		致害物	人的因素	物的因素	环境因素	管理因素	本人	他人	轻伤	重伤	死亡
挡土墙	高处坠落	无防护的作业平台、施工人员受自身的重力运动	1. 作业人员未正确使用安全防护用品（安全带、防滑鞋等）； 2. 作业人员身体健康状况异常、心理异常，感知异常（高血压、恐高症等禁忌症，反应迟钝等意识错误）； 3. 作业人员疲劳作业、管理人员违章指挥、强令冒险作业； 4. 作业人员操作错误或违章作业	1. 高处作业场所未设置安全防护等措施（安全绳索、防坠网）； 2. 未设置标识或标志标识破损； 3. 安全防护用品质量不合格，存在缺陷； 4. 未设置或设置安全爬梯或设置不规范	1. 大风、雷电、大雪、暴雨等恶劣天气； 2. 夜间施工照明不足； 3. 作业场地不平整、湿滑	1. 安全教育、培训、交底、检查制度不完善或未落实； 2. 职业健康安全管理制度不完善、未落实； 3. 安全投入不足； 4. 高处作业不规范操作规程不规范或未落实； 5. 未对进场安全防护用品等进行验收或验收不到位	√			√	√
	坍塌	不稳定土体、砌体、结构物等	1. 管理人员违章指挥、强令冒险作业（防护放坡不足时）； 2. 人员心理异常（冒险侥幸心理）； 3. 作业人员操作错误； 4. 违章作业违反劳动纪律行为（管理人员脱岗）	1. 无警示信号或信号不清（紧急撤离信号）； 2. 现场无警示标识或标识、警戒区、标牌、反光锥）破损； 3. 截排水设施不完善； 4. 防护形式错误或防护材料不合格（材料强度不足）等； 5. 基坑边沿停放渣土机械或堆放渣土	1. 存在滑坡、偏压等不良地质； 2. 作业场地照明不足； 3. 强风、暴雨、大雪等不良天气	1. 施工方案不完善或未落实； 2. 未进行重力式挡土墙抗滑稳定、抗倾覆稳定和整体稳定性验算； 3. 重力式挡土墙基础的埋置深度不足； 4. 挡土墙构造设计不符合规范要求； 5. 衡重式路肩挡土墙的衡重台与上墙的合理交角； 6. 未采取适当的加强措施，导致该处墙身截面的抗剪能力差	√	√	√	√	√

第五章 路基路面工程施工主要安全风险分析

续上表

施工作业内容	典型风险事件	致害物	致险因素				风险事件后果类型				
			人的因素	物的因素	环境因素	管理因素	易导致伤亡人员类型		人员伤亡		
							本人	他人	轻伤	重伤	死亡
挡土墙	坍塌	不稳定土体、砌体、结构物等				6. 挡土墙选用不合格的建筑材料； 7. 混凝土或砂浆强度未达到设计要求，即进行了墙背填土； 8. 使用重型压路机对挡土墙附近填筑或进行碾压； 9. 安全教育、培训、交底、检查制度不完善或未落实； 10. 安全投入不足					
坊工防护	物体打击	作业平台，工具、材料，基坑临边堆置物，作业过程中使用的工具、材料等	1. 现场作业人员未正确使用安全防护用品（安全帽等）； 2. 人员违章进入危险区域； 3. 管理人员违章指挥、强令冒险作业； 4. 作业人员身体健康状况异常、心理异常、感知异常（反应迟钝、辨识错误）； 5. 作业人员违章作业（违章抛物）	1. 安全防护用品（安全帽等）不合格； 2. 现场无警示标识或标识（警戒区、标牌、反光锥等）破损； 3. 作业过程中产生的坠落物（飞石、工具、材料等）	1. 强风、暴雨、大雪天气、雾等不良天气； 2. 夜间施工照明不足； 3. 作业场地杂乱	1. 安全教育、培训、交底、检查不落实； 2. 安全防护用品等未进行进场验收或验收不到位； 3. 安全投入不足	√	√	√	√	√

续上表

施工作业内容	典型风险事件	致害物	致险因素			风险事件后果类型			
			人的因素	物的因素	环境因素	管理因素	易导致伤亡人员类型	人员伤亡	
							本人 / 他人	轻伤 / 重伤 / 死亡	
坊工防护	车辆伤害	自卸车、混凝土罐车、运输车等	1. 不当操作造成车辆安全装置失效。人员冒险进入危险场所（车辆倒车区域）；2. 汽、机驾人员有分散注意力行为，车辆冒险进入边坡临边位置；3. 施工人员着装不安全；4. 现场指挥、警示不当；5. 强令冒险作业（指挥、强令人员违章指挥、强令人员进入驾驶视野盲区等）；6. 机驾人员违章指挥、证等；7. 违章作业（违规载人、酒后驾驶、超速、超限、超载作业等）；8. 机驾人员身体健康状况异常、心理异常（反应迟钝、辨识错误等）；9. 机驾人员疲劳作业；10. 现场作业人员未正确使用安全防护用品（反光背心、安全帽等）	1. 运输车辆未经检验或有缺陷；2. 施工场地环境不良（如照明不佳、场地湿滑等）；3. 个人防护用品用具缺少或有缺陷；4. 安全警示标志、护栏等装置缺乏或有缺陷；5. 车辆操作人员无上岗资格证；6. 运输道路承载力不足；7. 现场无警示标识（警戒区、标牌、反光锥、反光贴等）破损；8. 车辆"带病"作业（制动装置、喇叭、后视镜、警示灯等设施缺陷）；9. 车辆作业安全距离不足	1. 场地受限；2. 道路不符合要求；3. 大风、暴雨、低温等恶劣天气（不利于混凝土提升强度）；4. 不稳定坡体	1. 技术上的缺陷；2. 安全教育、交底不到位；3. 管理上的缺失；4. 未对车辆设备、安全防护用品等进行进场验收或验收不到位；5. 车辆安全管理制度不完善或未落实（检查维护保养不到位）；6. 安全操作规程不落实（作业前未对车辆周围环境进行检查）	√	√	√

— 86 —

第五章 路基路面工程施工主要安全风险分析

续上表

施工作业内容	典型风险事件	致害物	致险因素				风险事件后果类型				
			人的因素	物的因素	环境因素	管理因素	易导致伤亡人员类型		人员伤亡		
							本人	他人	轻伤	重伤	死亡
坑工防护	机械伤害	挖掘机、装载机及施工小型机具等	1. 人员违章进入危险区域（机械作业半径等）； 2. 管理人员违章指挥、强令冒险作业； 3. 机械操作人员未持有效证件上岗； 4. 机械操作人员操作错误、违章作业（违规载人、酒后作业）； 5. 操作人员身体健康状况异常、心理异常、感知异常（反应迟钝、辨识错误）； 6. 现场作业人员未正确使用安全防护用品（反光背心、安全帽等）； 7. 机械操作人员疲劳作业	1. 现场无警示标识或标识破损（警戒区、标牌、反光贴等）； 2. 设备设施安全作业距离不足； 3. 设备带病作业（设备设施制动装置失效，运动或旋转动装置无防护或防护装置缺陷等）； 4. 安全防护用品（反光背心、安全帽、护目镜等）不合格	1. 强风、暴雨、大雪、大雾等不良天气； 2. 作业场地狭窄、不平整，道路湿滑； 3. 夜间施工照明不足	1. 机械设备安全管理制度不完善或落实不到位（检查与维护保养不到位）； 2. 未对机械设备、安全防护用品等进行进场验收或验收不到位； 3. 安全教育、培训、交底制度不完善或落实不到位； 4. 机械设备操作规程不规范或落实不到位； 5. 安全投入不足		√	√	√	√

— 87 —

续上表

施工作业内容	典型风险事件	致害物	致险因素			风险事件后果类型				
			人的因素	物的因素	环境因素	管理因素	易导致伤亡人员类型		人员伤亡	
							本人	他人	轻伤	重伤	死亡
坞工防护	触电	破损的电缆、带电的振捣棒、带电材料、破损漏电的电气设备设施	1.作业人员未正确使用安全防护用品（绝缘鞋、绝缘手套等）；2.作业人员操作错误或违章作业（带电检修维护）；3.管理人员违章指挥、强令冒险作业；4.电工未持有效证件上岗；5.作业人员疲劳作业	1.电缆线、配电箱等电气设施不合格（线路破损、老化）；2.电气设施设置不规范（电缆拖地、配电箱无支架等）；3.带电设施无警示标识或标识破损；4.安全防护装置不规范，无漏电保护器，接线端子无防护罩等；5.防护不当，防护距离不足（配电柜、发电机无遮雨棚、防护围挡或防护破损）；6.振捣棒等设备损坏漏电	1.强风、雷雨、大雪等不良天气；2.作业场地杂乱、潮湿或积水；3.作业场地照明不足	1.临时用电方案不完善或未落实；2.发电机等安全操作规程不规范或未落实；3.电气设材料等未进行进场验收；4.电工未落实安全管理制度未落实（发电机、振捣棒等机具检查维护保养不到位）；6.安全教育、培训、交底、检查制度不完善未落实；7.安全投入不足	√		√	√	

第五节 路面工程主要安全风险分析

路面工程主要包括水泥稳定碎石（底基层、基层），沥青下封层，桥面防水层，沥青下面层，沥青中面层，沥青上面层，水泥混凝土路面，老路面拼宽，中央分隔带，路肩排水等施工内容，从人的因素、物的因素、环境因素及管理因素分析致险因素，结果见表5-5。

表5-5 路面工程施工主要安全风险分析

<table>
<tr><th rowspan="3">施工作业内容</th><th rowspan="3">典型风险事件</th><th rowspan="3">致害物</th><th colspan="4">致 险 因 素</th><th colspan="2" rowspan="2">风险事件后果类型</th><th colspan="3" rowspan="2"></th></tr>
<tr><th rowspan="2">人的因素</th><th rowspan="2">物的因素</th><th rowspan="2">环境因素</th><th rowspan="2">管理因素</th></tr>
<tr><th colspan="2">易导致伤亡人员类型</th><th colspan="3">人员伤亡</th></tr>
<tr><th></th><th></th><th></th><th></th><th></th><th></th><th></th><th>本人</th><th>他人</th><th>轻伤</th><th>重伤</th><th>死亡</th></tr>
<tr>
<td>水泥稳定碎石（底基层、基层）</td>
<td>车辆伤害</td>
<td>运输车等</td>
<td>1. 不当操作造成车辆安全装置失效；
2. 人员冒险进入危险场所（车辆倒车区域）；
3. 车辆冒险进入边坡临边位置，有分散注意力行为；
4. 施工人员着装不安全装束；
5. 现场指挥、警戒不当；
6. 管理人员违章指挥，强令冒险作业（进入驾驶员视野盲区等）；
7. 机驾人员无证上岗；
8. 违章作业（违规载人、酒后驾驶、超速、超限、超载作业）；</td>
<td>1. 运输车辆未经检验或有缺陷；
2. 施工场地环境不良（如照明不良、场地湿滑等）；
3. 个人防护用品用具缺少或有缺陷；
4. 安全警示标志、护栏等安全装置缺乏或有缺陷；
5. 运输道路承载力不足；
6. 现场无警示标识、标牌（警戒区、反光锥、反光贴等）破损；</td>
<td>1. 场地受限；
2. 道路不符合要求；
3. 大风、暴雨、低温等恶劣天气；
4. 前后场交叉作业</td>
<td>1. 技术上的缺陷；
2. 教育、交底不到位；
3. 管理上的缺失；
4. 交通组织方案落实不到位；
5. 未对车辆设备、安全防护用品等进行进场验收验证不到位；
6. 车辆安全管理制度不完善或落实（检查维护保养不到位）；
7. 安全操作规程不规范或未落实（作业前对车辆周围环境进行检查）</td>
<td>√</td>
<td>√</td>
<td>√</td>
<td>√</td>
<td>√</td>
</tr>
</table>

续上表

施工作业内容	典型风险事件	致害物	致险因素			风险事件后果类型				
			人的因素	物的因素	环境因素	管理因素	易导致伤亡人员类型		人员伤亡		
							本人	他人	轻伤	重伤	死亡
	车辆伤害	运输车等	9.机驾人员身体健康状况异常、心理异常，感知异常（反应迟钝、辨识错误）；10.机驾人员疲劳作业；11.现场作业人员未正确使用安全防护用品（反光背心、安全帽等）；12.混合料运输应按指定线路行走，不得超载、超速	7.车辆带"病"作业（制动装置、喇叭、后视镜、警示灯等设施缺陷）；8.车辆作业安全距离不足			√	√	√	√	√
水泥稳定碎石（底基层、基层）	机械伤害	装载机、压路机、拌和楼及铺机、施工小型机具等	1.人员违章进入危险区域（机械作业半径等）；2.管理人员违章指挥、强令冒险作业；3.机械操作人员未持有效证件上岗；4.机械操作人员操作错误、违章作业（违规载人、酒后作业）；	1.现场无警示标识或标识、警戒区、标牌反光贴等破损；2.设备设施安全作业距离不足；3.设备带"病"作业（设备设施制动装置失效、运动或转动装置防护或防护装置缺陷等）；	1.强风、暴雨、大雪、大雾等不良天气；2.作业场地狭窄、不平整、道路湿滑；3.夜间施工照明不足	1.机械设备安全管理制度不完善或落实不到位（检查、维护保养不到位）；2.未对机械设备、安全防护用品等进行进场验收或验收不到位；3.安全教育、培训、交底制度不完善或落实未落实；		√	√	√	√

— 90 —

第五章 路基路面工程施工主要安全风险分析

续上表

施工作业内容	典型风险事件	致害物	致险因素				风险事件后果类型				
			人的因素	物的因素	环境因素	管理因素	易导致伤亡人员类型		人员伤亡		
							本人	他人	轻伤	重伤	死亡
水泥稳定碎石(底基层、基层)	机械伤害	装载机、压路机、摊铺机、拌和楼及施工小型机具等	5.操作人员身体健康状况异常、心理异常,感知异常(反应迟钝、辨识错误);6.现场作业人员未正确使用安全防护用品(反光背心、安全帽等);7.机械操作人员疲劳作业	4.安全防护用品(反光背心、安全帽、护目镜等)不合格		4.机械设备操作规程不规范或未落实;5.安全投入不足		√	√	√	
	高处坠落	登高作业	1.人员违章进入危险区域;2.现场作业人员未正确使用安全防护用品(反光背心、安全帽、安全带等);3.施工人员疲劳作业;4.管理人员违章指挥、强令冒险作业;5.施工人员身体健康状况异常、心理异常、感知异常(反应迟钝、辨识错误)	1.现场无警示标识或标识破损(警戒区、标牌、反光锥等);2.无防护或防护装置缺陷;3.安全防护用品(反光背心、安全帽等)不合格	1.雷雨大风(6级以上)、大雾等恶劣天气作业;2.夜间施工照明不足	1.设备设施安全管理制度不完善或制度未落实;2.安全教育、培训、交底、检查不完善或未落实;3.未对安全防护用品等进行进场验收或验收不到位;4.安全投入不足	√		√	√	√

续上表

施工作业内容	典型风险事件	致害物	致险因素				风险事件后果类型				
			人的因素	物的因素	环境因素	管理因素	易导致伤亡人员类型		人员伤亡		
							本人	他人	轻伤	重伤	死亡
水泥稳定碎石（底基层、基层）	触电	破损的电缆、设备、材料等	1.作业人员未正确使用安全防护用品（绝缘鞋、绝缘手套等）； 2.作业人员操作错误或违章作业（带电检修维护）； 3.管理人员违章指挥、强令冒险作业； 4.电工未持有效证件上岗； 5.作业人员疲劳作业	1.电缆线、配电箱等电气设施不合格（线路破损、老化）； 2.电气设施设置不规范（电缆拖地、配电箱无支架等）； 3.带电设施无警示标识或标识破损； 4.安全防护装置不规范（未接地、无漏电保护器、接线端子无防护罩等）； 5.防护不当（配电柜离电机、发电机无遮雨棚、防护围挡或防护破损）	1.强风、雷雨、大雪等不良天气； 2.作业场地杂乱、潮湿或积水； 3.作业场地照明不足	1.临时用电方案不完善或未落实； 2.发电机等安全操作规程不规范或未落实； 3.电气设施材料未进行进场验收； 4.电工未对用电设施进行巡查或检查不到位； 5.机械设备安全管理制度未落实（发电机等机具检查维护保养不到位）； 6.安全教育、培训、交底未落实； 7.安全投入不足	√		√	√	√

续上表

施工作业内容	典型风险事件	致害物	致险因素				风险事件后果类型				
			人的因素	物的因素	环境因素	管理因素	易导致伤亡人员类型		人员伤亡		
							本人	他人	轻伤	重伤	死亡
沥青下封层	车辆伤害	运输车等	1. 不当操作造成车辆安全装置失效；2. 人员冒险进入危险场所（车辆倒车区域）；3. 车辆冒险进入边坡临边位置，有分散注意力行为；4. 施工人员着不安全装束；5. 现场指挥、警戒不当；6. 管理人员违章指挥、强令冒险作业进入驾驶视野盲区等；7. 机驾人员未持有效证件上岗；8. 机驾人员操作错误，违章作业（违规载人，酒后驾驶，超速、超限、超载作业）；9. 机驾人员身体健康状况异常，心理异常、反应迟钝，感知异常、辨识错误；10. 现场作业人员疲劳作业。现场作业人员防护用品使用不正确（反光背心、安全帽等）；	1. 运输车辆未经验或有缺陷；2. 施工场地环境不良（如照明不佳，场地湿滑等）；3. 个人防护用品用具缺少或有缺陷；4. 安全警示标志、护栏装置缺乏或有缺陷；5. 运输道路承载力不足；6. 现场无警示标识（警戒区、标牌、反光锥、反光贴等）破损；7. 车辆"病"作业（制动装置、喇叭、后视镜、警示灯等设施缺陷）；8. 车辆作业安全距离不足	1. 场地受限；2. 道路不符合要求；3. 大风、暴雨、低温等恶劣天气	1. 技术上的缺陷；2. 安全教育、交底不到位；3. 管理上的缺失；4. 未对车辆设备、安全防护用品等进行进场验收或验收未到位；5. 车辆安全管理制度不完善或未落实（检查维护保养不到位）；6. 安全操作规程不视范或未落实（作业前未对车辆周围环境进行检查）	√	√	√	√	√

— 93 —

续上表

施工作业内容	典型风险事件	致害物	致险因素				风险事件伤亡类型				
			人的因素	物的因素	环境因素	管理因素	易导致伤亡人员类型		人员伤亡		
							本人	他人	轻伤	重伤	死亡
沥青下封层	车辆伤害	运输车等	11.混合料运输应按指定线路行走，不得超载、超速								
	机械伤害	装载机、压路机、洒布车等	1.人员违章进入危险区域（机械作业半径等）；2.管理人员违章指挥，强令冒险作业；3.机械操作人员未持有效证件上岗；4.机械操作人员操作错误，违章作业（违规载人、酒后作业）；5.操作人员身体健康状况异常、心理异常，反应迟钝，感知异常（反光辨识错误）；6.现场作业人员未正确使用安全防护用品（反光背心、安全帽、护目镜等）；7.机械操作人员疲劳作业	1.现场无警示标识或标识（警戒区、标牌、反光贴等）破损；2.设备设施带病作业（设备设施制动装置失效，运动或转动装置无防护或防护装置缺略等）；4.安全防护用品（反光背心、安全帽等）不合格	1.强风、暴雨、大雪、大雾等不良天气；2.作业场地狭窄、不平整，道路湿滑；3.夜间施工照明不足	1.机械设备安全管理制度不完善或未落实（检查维护保养不到位）；2.未对机械设备、安全防护用品等进行进场验收或验收不到位；3.安全教育、培训、交底制度不完善或落实不到位；4.机械设备操作规程不规范或未落实；5.安全投入不足		√	√	√	√

— 94 —

续上表

施工作业内容	典型风险事件	致害物	致险因素				风险事件后果类型				
			人的因素	物的因素	环境因素	管理因素	易导致伤亡人员类型		人员伤亡		
							本人	他人	轻伤	重伤	死亡
沥青下封层	火灾	静电、明火	1. 作业人员违章作业； 2. 管理人员违章指挥，强令冒险作业	1. 消防设施设备不完善； 2. 易燃物品存放不到位	1. 高温天气作业； 2. 通风不到位	1. 安全教育、培训、交底、检查等管理制度不完善或未落实； 2. 安全投入不足； 3. 操作规程不规范或未落实	√	√	√	√	√
桥面防水层	车辆伤害	运输车等	1. 不当操作造成车辆安全装置失效； 2. 人员冒险进入危险场所； 3. 汽、机驾人员注意力分散或冒险进入边坡临空位置； 4. 施工人员着装不安全装束； 5. 现场指挥、警戒不当； 6. 管理人员违章指挥、强令冒险作业（进入驾驶员视野盲区等）；	1. 运输车辆未经检验或有缺陷； 2. 施工现场环境不良（如照明不佳、场地湿滑等）； 3. 个人防护用品用具缺少或有缺陷； 4. 安全装置、护栏等装置缺陷； 5. 现场无警示标识、标牌、反光锥（警戒区、反光贴等）破损	1. 场地受限； 2. 运输道路不符合要求； 3. 大风、暴雨、低温等恶劣天气	1. 技术上的缺陷； 2. 安全教育、交底不到位； 3. 管理上的缺失； 4. 未对车辆设备、安全防护用品等进行进场验收或验收不到位； 5. 车辆安全管理制度不完善或未落实（检查、维护保养不到位）； 6. 安全操作规程不规范或未落实（作业前未对车辆周围环境进行检查）	√	√	√	√	√

续上表

施工作业内容	典型风险事件	致害物	致险因素				风险事件后果类型				
			人的因素	物的因素	环境因素	管理因素	易导致伤亡人员类型		人员伤亡		
							本人	他人	轻伤	重伤	死亡
	车辆伤害	运输车等	7. 机驾人员未持有效证件上岗；8. 违章作业（违规载人、酒后驾驶、超速、超限等）；9. 机驾人员身体健康状况异常、心理异常、感知异常（反应迟钝、辨识错误等）；10. 机驾人员疲劳作业；11. 现场作业人员未正确使用安全防护用品（反光背心、安全帽等）	6. 车辆带"病"作业（制动装置、喇叭、后视镜、警示灯等设施缺陷）；7. 车辆作业安全距离不足			√		√	√	√
桥面防水层	机械伤害	装载机、压路机、沥青洒布车等	1. 人员违章进入危险区域（机械作业半径等）；2. 管理人员违章指挥，强令冒险作业；3. 机械操作人员未持有效证件上岗；4. 机械操作人员违章作业（违规载人、酒后作业）；5. 操作人员身体健康状况异常、心理异常、感知异常（反应迟钝、辨识错误等）；	1. 现场无警示标识或标识（警戒区、标牌、反光贴等）破损；2. 设备设施安全作业距离不足；3. 设备设施强制转动装置失效、运动护或防护装置缺陷（设备设置无防护装置或防护装置缺陷）等）；		1. 机械设备安全管理制度不完善或执行不到位（检查维护保养不到位）；2. 未对机械设备、安全防护用品等进行进场验收或验收不到位；3. 安全教育、培训、交底制度不完善或落实不到位；		√	√	√	√

续上表

施工作业内容	典型风险事件	致害物	致险因素					风险事件后果类型				
			人的因素		物的因素	环境因素	管理因素	易导致伤亡人员类型			人员伤亡		
								本人	他人	轻伤	重伤	死亡
	机械伤害	装载机、压路机、沥青洒布车等	6. 现场作业人员未正确使用安全防护用品（反光背心、安全帽等）；7. 机械操作人员疲劳作业		4. 安全防护用品（反光背心、安全帽、护目镜等）不合格		4. 机械设备操作规程不规范或未落实；5. 安全投入不足					
桥面防水层	火灾	静电、明火	1. 作业人员违章作业；2. 管理人员违章指挥、强令冒险作业		1. 消防设施设备不完善；2. 易燃物品存放不到位	1. 高温天气作业；2. 通风不到位	1. 安全教育、培训、交底、检查等管理制度不完善或未落实；2. 安全投入不足；3. 操作规程不规范或未落实	√	√	√	√	√
	灼烫	SBS改性沥青、设备等高温	1. 作业人员操作错误或违章作业；2. 现场作业人员未正确使用安全防护用品；3. 管理人员违章指挥、强令冒险作业；4. 作业人员疲劳作业；5. 作业人员身体健康状况异常、心理异常（反应迟钝、辨识错误）		1. 现场无警示标识或标识（警戒区、标牌、反光锥等）破损；2. 安全防护用品（反光背心、安全帽等）不合格；3. 作业安全距离不足		1. 安全教育、培训、交底、检查等管理制度不完善或未落实；2. 安全投入不足	√	√	√	√	

续上表

施工作业内容	典型风险事件	致害物	致险因素				风险事件后果类型			
			人的因素	物的因素	环境因素	管理因素	易导致伤亡人员类型		人员伤亡		
							本人	他人	轻伤	重伤	死亡
沥青下面层	车辆伤害	运输车等	1.不当操作造成车辆安全装置失效；2.人员冒险进入危险场所（车辆倒车区域）；3.汽、机驾人员有分散注意力行为，车辆冒险进入边坡临边位置；4.施工人员着不安全装束；5.现场指挥、警戒不当；6.管理人员违章指挥，强令冒险作业，驾驶员视野盲区等）；7.机驾人员未持有效证件上岗；8.机驾人员操作错误、违章作业（违规载人、酒后驾驶、超速超限、超载作业）；9.机驾人员身体健康状况异常、心理异常，感知异常（反应迟钝、辨识错误）；	1.运输车辆未经检验或有缺陷；2.施工场地环境不良（如照明不佳、场地湿滑等）；3.个人防护用品用具缺少或有缺陷；4.安全警示标护栏等装置缺乏或有缺陷；5.运输道路承载力不足；6.现场无警示标识或标识破损（警戒区、标牌、反光锥、反光贴等）；7.车辆带"病"作业（制动装置、喇叭、后视镜、警示灯等设施缺陷）；8.车辆作业安全距离不足	1.场地受限；2.运输道路不符合要求；3.通行区域和作业区域划分不明确	1.技术上的缺陷；2.教育、交底不到位；3.未对车辆设备、安全防护用品等进场验收或验收不到位；4.车辆安全管理制度不完善或未落实（检查维护保养不到位）；5.安全操作规程不规范或未落实	√	√	√	√	

第五章 路基路面工程施工主要安全风险分析

续上表

施工作业内容	典型风险事件	致害物	致险因素				风险事件后果类型				
			人的因素	物的因素	环境因素	管理因素	易导致伤亡人员类型		人员伤亡		
							本人	他人	轻伤	重伤	死亡
沥青下面层	车辆伤害	运输车等	10. 机驾人员疲劳作业； 11. 现场作业人员未正确使用安全防护用品（反光背心、安全帽等）； 12. 混合料运输应按指定线路行走，不得超载、超速					√	√	√	√
	机械伤害	装载机、压路机、摊铺机及施工小型机具等	1. 人员违章进入危险区域（机械作业半径等）； 2. 管理人员违章指挥，强令冒险作业； 3. 机械操作人员未持有效证件上岗； 4. 机械操作人员操作错误、违章作业（违规载人、酒后作业）； 5. 操作人员身体健康状况异常、心理异常、感知异常（反应迟钝、辨识错误）； 6. 现场作业人员未正确使用安全防护用品（反光背心、安全帽等）； 7. 机械操作人员疲劳作业	1. 现场无警示标识或标识（警戒区、标牌、反光贴等）破损； 2. 设备设施安全作业距离不足； 3. 设备带病作业（设备设施制动装置失效，运动或旋转装置无防护或防护装置缺陷等）； 4. 安全防护用品（反光背心、安全帽、护目镜等）不合格	1. 作业场地狭窄，不平整，道路湿滑； 2. 夜间施工照明不足	1. 机械设备安全管理制度不完善或落实（检查维护保养不到位）； 2. 未对机械设备、安全防护用品等进行进场验收或验收不到位； 3. 安全教育、培训、交底等管理制度不完善或未落实； 4. 机械设备操作规程不规范或未落实； 5. 安全投入不足		√	√	√	√

— 99 —

续上表

施工作业内容	典型风险事件	致害物	致险因素				风险事件后果类型				
			人的因素	物的因素	环境因素	管理因素	易导致伤亡人员类型		人员伤亡		
							本人	他人	轻伤	重伤	死亡
沥青下面层	触电	破损的电缆、设备、材料等	1. 作业人员未正确使用安全防护用品（绝缘鞋、绝缘手套等）； 2. 作业人员操作错误或违章作业（带电检修维护）； 3. 管理人员违章指挥、强令冒险作业； 4. 电工未持有效证件上岗； 5. 作业人员疲劳作业	1. 电缆线、配电箱等电气设施不合格（线路破损、老化）； 2. 电气设施设置不规范（电缆拖地、配电箱无支架等）； 3. 带电设施无警示标识或标识破损； 4. 安全防护装置不规范（未接地、无漏电保护器、接线端子无防护罩等）； 5. 防护不当、防护距离不足（配电柜、发电机无遮雨棚、防护围挡或防护破损）	1. 强风、雷雨、大雪等不良天气； 2. 作业场地杂乱、潮湿或积水； 3. 作业场地照明不足	1. 临时用电方案不完善或未落实； 2. 发电机等安全操作规程不规范或未落实； 3. 电气设施材料未进行进场验收； 4. 电工未对用电设施进行巡查或巡查不到位； 5. 机械设备安全管理制度未落实（发电机等机具检查维护保养不到位）； 6. 安全教育、培训、交底、检查等管理制度不完善或未落实； 7. 安全投入不足	√		√	√	

续上表

施工作业内容	典型风险事件	致害物	致险因素				风险事件后果类型				
			人的因素	物的因素	环境因素	管理因素	易导致伤亡人员类型		人员伤亡		
							本人	他人	轻伤	重伤	死亡
	高处坠落	登高作业	1. 人员违章进入危险区域； 2. 现场作业人员未正确使用安全防护用品（反光背心、安全帽、安全带等）； 3. 施工人员疲劳作业； 4. 管理人员违章指挥、强令冒险作业； 5. 施工人员身体健康状况异常、心理异常、感知异常（反应迟钝、辨识错误）	1. 现场无警示标识或标识（警戒区、标牌、反光锥等）破损； 2. 无防护或防护装置缺陷； 3. 安全防护用品（反光背心、安全帽等）不合格	1. 雷雨大风（6级以上）、大雾等恶劣天气作业； 2. 夜间施工照明不足	1. 设备设施安全管理制度不完善或未落实； 2. 安全教育、培训、交底、检查等管理制度不完善或未落实； 3. 对安全防护用品等进行进场验收未到位； 4. 安全投入不足		√	√	√	√
沥青下面层	火灾	静电、明火	1. 作业人员违章； 2. 管理人员违章指挥、强令冒险作业	1. 消防设施设备不完善； 2. 易燃物品存放不到位	1. 高温天气作业； 2. 通风不到位	1. 安全教育、培训、交底、检查等管理制度不完善或未落实； 2. 安全投入不足； 3. 操作规程不规范或未落实	√	√	√	√	√

续上表

施工作业内容	典型风险事件	致害物	致险因素				风险事件后果类型				
			人的因素	物的因素	环境因素	管理因素	易导致伤亡人员类型		人员伤亡		
							本人	他人	轻伤	重伤	死亡
沥青下面层	灼烫	沥青、沥青混合料、设备等高温	1.作业人员操作错误或违章作业; 2.现场作业人员未正确使用安全防护用品; 3.管理人员违章指挥、强令冒险作业; 4.作业人员疲劳作业; 5.作业人员身体健康状况异常、心理异常、感知异常(反应迟钝、辨识错误)	1.现场无警示标识或标识破损(警戒区、标牌、反光锥等); 2.安全防护用品(反光背心、安全帽等)不合格; 3.作业安全距离不足		1.安全教育、培训、交底、检查等管理制度不完善或未落实; 2.安全投入不足	√	√	√	√	
沥青中面层	车辆伤害	运输车等	1.不当操作造成车辆安全装置失效; 2.人员冒险进入危险场所(车辆倒车区域); 3.汽、机驾人员有分散注意力行为,车辆冒险进人边坡临边位置; 4.施工人员着不安全装束;	1.运输车辆未经检验或有缺陷; 2.施工场地环境不良(如照明不足、场地湿滑等); 3.个人防护用品用具缺少或有缺陷; 4.安全警示标志护栏等装置缺乏或有缺陷; 5.运输道路承载能力不足;	1.场地受限; 2.运输道路不符合要求; 3.通行区域和作业区域划分不明确	1.技术上的缺陷; 2.教育、交底不到位; 3.未对车辆等进入现场进行验收,安全防护用品等验收验证不到位; 4.车辆安全管理制度不完善或未落实(检查维护保养不到位); 5.安全操作规程不规范或未落实	√	√	√	√	

— 102 —

续上表

施工作业内容	典型风险事件	致害物	致险因素			风险事件后果类型				
			人的因素	物的因素	环境因素	管理因素	易导致伤亡人员类型		人员伤亡		
							本人	他人	轻伤	重伤	死亡
沥青中面层	车辆伤害	运输车等	5. 现场指挥、警戒不当； 6. 管理人员违章指挥，强令冒险作业(进入驾驶员视野盲区等)； 7. 机驾人员未持有效证件上岗； 8. 机驾人员操作错误，违章作业(违规载人、酒后驾驶、超速、超限、超载作业)； 9. 机驾人员身体健康状况异常、心理异常、感知异常(反应迟钝、辨识错误)； 10. 机驾人员疲劳作业； 11. 现场作业人员未正确使用安全防护用品(反光背心、安全帽等)； 12. 混合料运输按指定线路行走，不得超载、超速	6. 现场无警示标识或标识破损(警戒区、标牌、反光锥、反光贴等)； 7. 车辆带"病"作业(制动装置、喇叭、后视镜、警示灯等设施缺陷)； 8. 车辆作业安全距离不足							

续上表

施工作业内容	典型风险事件	致害物	致险因素				风险事件后果类型			
			人的因素	物的因素	环境因素	管理因素	易导致伤亡人员类型	人员伤亡		
							本人 / 他人	轻伤	重伤	死亡
沥青中面层	机械伤害	装载机、压路机、摊铺机及施工小型机具等	1. 人员违章进入危险区域（机械作业半径等）； 2. 管理人员违章指挥，强令冒险作业； 3. 机械操作人员未持有效证件上岗； 4. 机械操作人员操作错误，违章作业（违规载人、酒后作业）； 5. 操作人员身体健康状况异常、心理异常，感知异常（反应迟钝、辨识错误）； 6. 现场作业人员未正确使用安全防护用品（反光背心、安全帽等）； 7. 机械操作人员疲劳作业	1. 现场无警示标识或标识破损（警戒区、标牌、反光贴等）； 2. 设备设施安全作业距离不足； 3. 设备带病作业（设备设施制动装置失效、运动或转动装置无防护或防护装置缺陷等）； 4. 安全防护用品（反光背心、安全帽、护目镜等）不合格	1. 作业场地狭窄、不平整，道路湿滑； 2. 夜间施工照明不足	1. 机械设备安全管理制度不完善或未落实（检查维护保养不到位）； 2. 未对机械设备、安全防护用品等进行进场验收或验收不到位； 3. 安全教育、培训、交底等管理制度不完善或未落实； 4. 机械设备操作规程不规范或未落实； 5. 安全投入不足	√	√	√	√

续上表

施工作业内容	典型风险事件	致害物	致险因素			风险事件后果类型			
			人的因素	物的因素	环境因素	管理因素	易导致伤亡人员类型 || 人员伤亡		
							本人	他人	轻伤	重伤	死亡
沥青中面层	触电	破损的电缆、设备、材料等	1.作业人员未正确使用安全防护用品（绝缘鞋、绝缘手套等）；2.作业人员操作错误或违章作业（带电检修维护）；3.管理人员违章指挥、强令冒险作业；4.电工未持有效证件上岗；5.作业人员疲劳作业	1.电缆线、配电箱等电气设施不合格（线路破损、老化）；2.电气设施设置不规范（电缆拖地、配电箱无支架等）；3.带电设施无警示标识或标识破损；4.安全防护装置不规范（未接地、无漏电保护器、接线端子无防护罩等）；5.防护不当，防护距离不足（配电柜、发电机无遮雨棚、防护围挡或防护破损）	1.强风、雷雨、大雪等不良天气；2.作业场地杂乱，潮湿或积水；3.作业场地照明不足	1.临时用电方案不完善或未落实；2.发电机等安全操作规程不规范或未落实；3.电气设施材料未进行进场验收；4.电工未对用电设施进行巡查或巡查不到位；5.机械设备安全管理制度未落实（发电机等机具检查、维护保养不到位）；6.安全教育、培训、交底、检查等未落实，完善安全管理制度不完善；7.安全投入不足	√			√	

续上表

施工作业内容	典型风险事件	致害物	致险因素				风险致伤亡人员类型		风险事件后果类型		
			人的因素	物的因素	环境因素	管理因素	易导致伤亡人员类型		人员伤亡		
							本人	他人	轻伤	重伤	死亡
沥青中面层	高处坠落	登高作业	1.人员违章进入危险区域； 2.现场作业人员未正确使用安全防护用品（反光背心、安全帽、安全带等）； 3.施工人员疲劳作业； 4.管理人员违章指挥、强令冒险作业； 5.施工人员身体健康状况异常、心理异常、感知异常（反应迟钝、辨识错误）	1.现场无警示标识或标识（警戒区、标牌、反光锥等）破损； 2.无防护或防护装置缺陷； 3.安全背心、安全帽等不合格	1.雷雨大风（6级以上）、大雾等恶劣天气作业； 2.夜间施工照明不足	1.设备设施安全管理制度不完善或制度未落实； 2.安全教育、培训、交底、检查等管理或制度未落实； 3.对安全防护用品等未进行进场验收或验收不到位； 4.安全投入不足	√	√	√	√	√
	火灾	静电、明火	1.作业人员违章作业； 2.管理人员违章指挥、强令冒险作业	1.消防设施设备不完善； 2.易燃物品存放不到位	1.高温天气作业； 2.通风不到位	1.安全教育、培训、交底、检查等管理或制度未落实； 2.安全投入不足； 3.操作规程不规范或未落实	√	√	√	√	√

第五章 路基路面工程施工主要安全风险分析

续上表

施工作业内容	典型风险事件	致害物	致险因素				风险事件后果类型				
			人的因素	物的因素	环境因素	管理因素	易导致伤亡人员类型		人员伤亡		
							本人	他人	轻伤	重伤	死亡
沥青中面层	灼烫	沥青、沥青混合料、设备等高温	1.作业人员操作错误或违章作业；2.现场作业人员未正确使用安全防护用品；3.管理人员违章指挥、强令冒险作业；4.作业人员疲劳作业；5.作业人员身体健康状况异常、心理异常、感知异常（反应迟钝、辨识错误）	1.现场无警示标识或标识（警戒区、标牌、反光锥）破损；2.安全防护用品（反光背心、安全帽等）不合格；3.作业安全距离不足		1.安全教育、培训、交底、检查等管理制度不完善或落实不到位；2.安全投入不足		√	√	√	
沥青上面层	车辆伤害	运输车等	1.不当操作造成车辆安全装置失效；2.人员冒险进入危险场所（车辆倒车区域）；3.汽、机驾人员有分散注意力行为，车辆冒险进入边坡临边位置；4.施工人员着不安全装束	1.运输车辆未经检验或有缺陷；2.施工场地环境不良（如照明不佳、场地湿滑等）；3.个人防护用品用具缺小或有缺陷；4.安全警示标志、护栏等装置缺乏或有缺陷；5.运输道路承载力不足	1.场地受限；2.运输道路不符合要求；3.通行区域和作业区域划分不明确	1.技术上的缺陷；2.教育、交底不到位；3.未对车辆设备、安全防护用品等进行进场验收或验收不到位；4.车辆安全管理制度不完善或落实不到位（检查维护保养不到位）；5.安全操作规范或操作规程未落实	√	√	√	√	

— 107 —

续上表

施工作业内容	典型风险事件	致害物	致险因素					风险事件后果类型			
			人的因素	物的因素	环境因素	管理因素	易导致伤亡人员类型		人员伤亡		
							本人	他人	轻伤	重伤	死亡
沥青上面层	车辆伤害	运输车等	5. 现场指挥、警戒不当； 6. 管理人员违章指挥，强令冒险作业（进入驾驶员视野盲区等）； 7. 机驾人员未持有效证件上岗； 8. 机驾人员操作错误，违章作业（违规载人、酒后驾驶、超速、超限、超载作业）； 9. 机驾人员身体健康状况异常，心理异常，感知异常（反应迟钝、辨识错误）； 10. 机驾人员疲劳作业； 11. 现场作业人员未正确使用安全防护用品（反光背心、安全帽等）； 12. 混合料运输应按指定线路行走，不得超载、超速	6. 现场无警示标识或标识破损（警戒区、标牌、反光锥、反光贴等）； 7. 车辆带"病"作业（制动装置、喇叭、后视镜、警示灯等设施缺陷）； 8. 车辆作业安全距离不足							

续上表

施工作业内容	典型风险事件	致害物	致险因素			风险事件后果类型				
			人的因素	物的因素	环境因素	管理因素	易导致伤亡人员类型		人员伤亡	
							本人	他人	轻伤	重伤	死亡
沥青上面层	机械伤害	装载机、压路机、摊铺机及施工小型机具等	1. 人员违章进入危险区域（机械作业半径等）； 2. 管理人员违章指挥，强令冒险作业； 3. 机械操作人员未持有效证件上岗； 4. 机械操作人员违章作业，违规载人、酒后作业； 5. 操作人员身体健康状况异常，心理异常，感知异常（反应迟钝，辨识错误）； 6. 现场作业人员未正确使用安全防护用品（反光背心、安全帽等）； 7. 机械操作人员疲劳作业	1. 现场无警示标识或标识（警戒区、标牌、反光贴等）破损； 2. 设备设施安全作业距离不足； 3. 设备带病运转作业，设备设施制动装置失效、运动或转动装置无防护或防护装置缺陷等； 4. 安全防护用品（反光背心、安全帽、护目镜等）不合格	1. 作业场地狭窄，不平整，道路湿滑； 2. 夜间施工照明不足	1. 机械设备安全管理制度不完善或未落实（检查维护保养不到位）； 2. 未对机械设备、安全防护用品等进行进场验收或验收不到位； 3. 安全教育、培训、交底或机械设备操作规程不完善或未完善； 4. 机械设备操作规范或未落实； 5. 安全投入不足		√	√	√	√

续上表

施工作业内容	典型风险事件	致害物	致险因素				风险事件后果类型			
			人的因素	物的因素	环境因素	管理因素	易导致伤亡人员类型		人员伤亡		
							本人	他人	轻伤	重伤	死亡
沥青上面层	触电	破损的电缆、设备、材料等	1.作业人员未正确使用安全防护用品（绝缘鞋、绝缘手套等）； 2.作业人员操作错误或违章作业（带电检修维护）； 3.管理人员违章指挥、强令冒险作业； 4.电工未持有效证件上岗； 5.作业人员疲劳作业	1.电缆线、配电箱等电气设施不合格（线路破损、老化）； 2.电气设施设置不规范（电缆拖地、配电箱无支架等）； 3.带电设施无警示标识或标识破损； 4.安全防护装置不规范（未接地、无漏电保护器、接线端子无防护罩等）； 5.防护不当（配电柜、发电机无遮雨棚、防护围挡或防护破损）	1.强风、雷雨、大雪等不良天气； 2.作业场地杂乱、潮湿或积水； 3.作业场地照明不足	1.临时用电方案不完善或未落实； 2.发电机等安全操作规程不规范或未落实； 3.电气设施材料未进行进场验收； 4.电工未对用电设施进行巡查或巡查不到位； 5.机械设备安全管理制度未落实（发电机等机具检查、维护、保养不到位）； 6.安全教育、培训、交底、检查等未落实； 7.安全管理制度不完善或投入不足	√		√	√	

第五章 路基路面工程施工主要安全风险分析

续上表

施工作业内容	典型风险事件	致害物	致险因素				风险事件后果类型					
			人的因素	物的因素	环境因素	管理因素	易导致伤亡人员类型		人员伤亡			
							本人	他人	轻伤	重伤	死亡	
	高处坠落	登高作业	1. 人员违章进入危险区域；2. 现场作业人员未正确使用安全防护用品（反光背心、安全帽、安全带等）；3. 施工人员疲劳作业；4. 管理人员指挥、强令冒险作业；5. 施工人员身体健康状况异常、心理异常，感知异常（反应迟钝、辨识错误）	1. 现场无警示标识或标识（警戒区、标牌、反光锥等）破损；2. 无防护或防护装置缺陷；3. 安全防护用品（反光背心、安全帽等）不合格	1. 雷雨大风（6级以上）、大雾等恶劣天气作业；2. 夜间施工照明不足	1. 设备设施安全管理制度不完善或制度未落实；2. 安全教育、培训、交底，检查等管理未落实；3. 对安全防护用品等未进行进场验收或验收不到位；4. 安全投入不足		√		√	√	
沥青上面层	火灾	静电、明火	1. 作业人员违章作业；2. 管理人员指挥、强令冒险作业	1. 消防设施设备不完善；2. 易燃物品存放不到位	1. 高温天气作业；2. 通风不到位	1. 安全教育、培训、交底，检查等管理制度不完善或未落实；2. 安全投入不足；3. 操作规程不规范或未落实	√	√	√	√	√	

— 111 —

续上表

施工作业内容	典型风险事件	致害物	致险因素				风险事件后果类型					
			人的因素	物的因素	环境因素	管理因素	易导致伤亡人员类型		人员伤亡			
							本人	他人	轻伤	重伤	死亡	
沥青上面层	灼烫	沥青、沥青混合料、设备等高温	1. 作业人员操作错误或违章作业；2. 现场作业人员未正确使用安全防护用品；3. 管理人员违章指挥，强令冒险作业；4. 作业人员疲劳作业；5. 作业人员身体健康状况异常、心理异常，感知异常（反应迟钝、辨识错误）	1. 现场无警示标识或标识（警戒区、标牌、反光锥等）破损；2. 安全防护用品（反光背心、安全帽等）不合格；3. 作业安全距离不足		1. 安全教育、培训、交底、检查等管理制度不完善或未落实；2. 安全投入不足	√	√	√	√		
水泥混凝土路面	车辆伤害	运输车等	1. 不当操作造成车辆安全装置失效；2. 人员冒险进入危险场所（车辆倒车区域）；3. 汽、机驾人员有分散注意力行为，车辆冒险进入边坡临边位置；4. 施工人员着不安全装束；	1. 运输车辆未经检验或有缺陷；2. 施工场地环境不良（如照明不佳、场地湿滑等）；3. 个人防护用品用具缺少或有缺陷；4. 安全警示标志、护栏等警置缺乏或有缺陷；5. 运输道路承载力不足；	1. 场地受限；2. 道路不符合要求；3. 大风、暴雨、低温等恶劣天气；4. 前后场交叉作业	1. 技术上的缺陷；2. 教育、交底不到位；3. 管理上的缺失；4. 交通组织方案落实不到位；5. 未对车辆设备、安全防护用品等进行进场验收或验收不到位	√	√	√	√		

第五章 路基路面工程施工主要安全风险分析

续上表

施工作业内容	典型风险事件	致害物	致险因素				风险事件后果类型			
			人的因素	物的因素	环境因素	管理因素	易导致伤亡人员类型		人员伤亡	
							本人	他人	轻伤	重伤	死亡
水泥混凝土路面	车辆伤害	运输车等	5. 现场指挥、警戒不当；6. 管理人员违章指挥，强令冒险作业（进入驾驶员视野盲区等）；7. 机驾人员未持有效证件上岗；8. 违章作业（违规载人、酒后驾驶、超速、超限、超载等）；9. 机驾人员身体健康状况异常、心理异常、感知异常（反应迟钝、辨识错误）；10. 机驾人员疲劳作业；11. 现场作业人员未正确使用安全防护用品（反光背心、安全帽等）；12. 混合料运输应按指定线路行走，不得超载、超速	6. 现场无警示标识或标识（警戒区、标牌、反光锥、反光贴等）破损；7. 车辆带"病"作业（制动装置、喇叭、后视镜、警示灯等设施缺陷）；8. 车辆作业安全距离不足		6. 车辆安全管理制度不完善或维护保养不到位；7. 安全操作规程不落实或车辆作业前未对车辆周围环境进行检查					

— 113 —

续上表

施工作业内容	典型风险事件	致害物	致险因素				风险事件后果类型				
			人的因素	物的因素	环境因素	管理因素	易导致伤亡人员类型		人员伤亡		
							本人	他人	轻伤	重伤	死亡
水泥混凝土路面	机械伤害	装载机、泵车、拌和楼及施工小型机具等	1.人员违章进入危险区域（机械作业半径等）； 2.管理人员违章指挥，强令冒险作业； 3.机械操作人员未持有效证件上岗； 4.机械操作人员操作错误，违章作业（违规载人、酒后作业）； 5.操作人员身体健康状况异常、心理异常、感知异常（反应迟钝、辨识错误）； 6.现场作业人员未正确使用安全防护用品（反光背心、安全帽等）； 7.机械操作人员疲劳作业	1.现场无警示标识或标识（警戒区、标牌、反光贴等）破损，距离不足； 2.设备设施安全作业距离不足； 3.设备带病作业（设备设施制动装置失效、运动或转动装置无防护或防护装置缺陷等）； 4.安全防护用品（反光背心、安全帽、护目镜等）不合格	1.强风、暴雨、大雪、大雾等不良天气； 2.作业场地狭窄、不平整，道路湿滑； 3.夜间施工照明不足	1.机械设备安全管理制度不完善或未落实（检查维护保养不到位）； 2.未对机械设备、安全防护用品等进行进场验收或验收不到位； 3.安全教育、培训、交底等管理制度不完善或未落实； 4.机械设备操作规程不规范或未落实； 5.安全投入不足		√	√	√	√

— 114 —

第五章 路基路面工程施工主要安全风险分析

续上表

施工作业内容	典型风险事件	致害物	致险因素			风险事件后果类型				
			人的因素	物的因素	环境因素	管理因素	易导致伤亡人员类型		人员伤亡		
							本人	他人	轻伤	重伤	死亡
水泥混凝土路面	触电	破损的电缆、设备、材料等	1. 作业人员未正确使用安全防护用品（绝缘鞋、绝缘手套等）； 2. 作业人员操作错误或违章作业（带电检修维护）； 3. 管理人员违章指挥、强令冒险作业； 4. 电工未持有效证件上岗； 5. 作业人员疲劳作业	1. 电缆线、配电箱等电气设施不合格（线路破损、老化）； 2. 电气设施设置不规范（电缆拖地、配电箱无支架等）； 3. 带电设施无警示标识或标识破损； 4. 安全防护装置不规范、无漏电保护器、接线端子无防护罩等； 5. 防护不足（配电柜、发电机离不足，无遮雨棚、防护围挡或防护破损）	1. 强风、雷雨、大雪等不良天气； 2. 作业场地杂乱、潮湿或积水； 3. 作业场地照明不足	1. 临时用电方案不完善或未落实； 2. 发电机等安全操作规程不规范或未落实； 3. 电气设施材料未进行进场验收； 4. 电工未对用电设施进行巡查或巡查不到位； 5. 机械设备安全管理制度未落实（发电机等机具检查、维护、保养不到位）； 6. 安全教育、培训、交底、检查等管理制度不完善或未落实； 7. 安全投入不足	√		√	√	

续上表

施工作业内容	典型风险事件	致害物	致险因素				风险事件后果类型				
			人的因素	物的因素	环境因素	管理因素	易导致伤亡人员类型		人员伤亡		
							本人	他人	轻伤	重伤	死亡
水泥混凝土路面	高处坠落	登高作业	1. 人员违章进入危险区域；2. 现场作业人员未正确使用安全防护用品（反光背心、安全帽、安全带等）；3. 施工人员疲劳作业；4. 管理人员违章指挥、强令冒险作业；5. 施工人员身体健康状况异常、心理异常，感知异常（反应迟钝、辨识错误）	1. 现场无警示标识或标识破损（警戒区、标牌、反光锥等）；2. 无防护或防护装置缺陷；3. 安全防护用品不合格（反光背心、安全帽等）	1. 雷雨大风（6级以上）、大雾等恶劣天气作业；2. 夜间施工照明不足	1. 设备设施安全管理制度不完善或未落实；2. 安全教育、培训，交底、检查等管理制度未完善或未落实；3. 对安全防护用品等进场验收未落实；4. 安全投入不足	√	√	√	√	√
老路面拼宽	车辆伤害	运输车辆等	1. 不当操作造成车辆安全装置失效；2. 人员冒险进入危险场所；3. 汽、机驾人员有分散注意力行为，车辆冒险进入边临边危险区域；4. 施工人员安全意识不当；5. 现场指挥不当，警戒不当	1. 运输车辆未经检验或有缺陷；2. 施工场地环境不良（如照明不佳、场地湿滑等）；3. 个人防护用品用具缺少或有缺陷；4. 安全警示标志、护栏等装置缺乏或有缺陷	1. 场地受限；2. 运输道路不符合要求；3. 通行区域和作业区域划分不明确	1. 技术上的缺陷；2. 教育、交底不到位；3. 未对车辆进场、安全防护用品等进行进场验收或验收不到位；4. 车辆安全管理制度不完善或未落实（检查维护保养不到位）；5. 安全操作规程不规范或未落实	√	√	√	√	

— 116 —

续上表

施工作业内容	典型风险事件	致害物	致险因素				风险事件后果类型			
			人的因素	物的因素	环境因素	管理因素	易导致伤亡人员类型		人员伤亡		
							本人	他人	轻伤	重伤	死亡
老路面拼宽	车辆伤害	运输车等	6. 管理人员违章指挥,强令冒险作业(进入驾驶员视野盲区等); 7. 机驾人员未持有效证件上岗; 8. 违章作业(违规载人,酒后驾驶,超速,超限,超载作业等); 9. 机驾人员身体健康状况异常,心理异常,感知异常(反应迟钝,辨识错误); 10. 机驾作业时现场作业人员未正确使用安全防护用品(反光背心,安全帽等); 11. 混合料运输行走,不得超载、定线路行走,不得超载、超速	5. 运输道路承载力不足; 6. 现场无警示标识或标识破损(警戒区、标牌、反光锥等); 7. 车辆带"病"作业(制动装置、喇叭、后视镜、警示灯等设施缺陷); 8. 车辆作业安全距离不足							

— 117 —

续上表

施工作业内容	典型风险事件	致害物	致险因素			风险事件后果类型			
			人的因素	物的因素	环境因素	管理因素	易导致伤亡人员类型		人员伤亡
							本人 / 他人	轻伤 / 重伤 / 死亡	
老路面拼宽	机械伤害	装载机、压路机、摊铺机及施工小型机具等	1. 人员违章进入危险区域（机械作业半径等）； 2. 管理人员违章指挥，强令冒险作业； 3. 机械操作人员未持有效证上岗； 4. 机械操作人员操作错误、违章作业（违规载人、酒后作业）； 5. 操作人员身体健康状况异常、心理异常、感知异常（反应迟钝、辨识错误）； 6. 现场作业人员未正确使用安全防护用品（反光背心、安全帽等）； 7. 机械操作人员疲劳作业	1. 现场无警示标识或标识破损（警戒区、标牌、反光贴等）； 2. 设备设施安全作业距离不足； 3. 设备带病作业（设备运动或转动制动装置失效、防护装置无防护或防护装置缺陷等）； 4. 安全防护用品（反光背心、安全帽、护目镜等）不合格	1. 作业场地狭窄、不平整，道路湿滑； 2. 夜间施工照明不足	1. 机械设备安全管理制度不完善或未落实（检查维护保养不到位）； 2. 未对机械设备、安全防护用品等进行进场验收或验收不到位； 3. 安全教育、培训、交底等管理制度不完善或未落实； 4. 机械设备操作规程不规范或未落实； 5. 安全投入不足	√	√	√	√

— 118 —

第五章　路基路面工程施工主要安全风险分析

续上表

施工作业内容	典型风险事件	致害物	致险因素				风险事件后果类型				
			人的因素	物的因素	环境因素	管理因素	易导致伤亡人员类型		人员伤亡		
							本人	他人	轻伤	重伤	死亡
老路面拼宽	触电	破损的电缆、设备、材料等	1.作业人员未正确使用安全防护用品（绝缘鞋、绝缘手套等）； 2.作业人员操作错误或违章作业（带电检修维护）； 3.管理人员违章指挥、强令冒险作业； 4.电工未持有效证件上岗； 5.作业人员疲劳作业	1.电缆线、配电箱等电气设施不合格（线路破损、老化）； 2.电气设施接地、配电箱无警示标识或标识破损； 3.带电设施无警示标识或标识破损； 4.安全防护装置不规范（未接地、无漏电保护器、接线端子无防护罩等）； 5.防护不当、防护距离不足（配电柜、发电机无遮雨棚、防护闸挡或防护破损）	1.强风、雷雨、大雪等不良天气； 2.作业场地杂乱、潮湿或积水； 3.作业场地照明不足	1.临时用电方案不完善或未落实； 2.发电机等安全操作规程不规范或未落实； 3.电气设施材料未进行进场验收； 4.电工未对用电设施进行巡查或巡查不到位； 5.机械设备安全管理制度未落实（发电机等机具检查、维护、保养不到位）； 6.安全教育、培训、交底、检查等管理制度不完善或未落实； 7.安全投入不足	√		√	√	

续上表

施工作业内容	典型风险事件	致害物	致险因素				风险事件后果类型				
			人的因素	物的因素	环境因素	管理因素	易导致伤亡人员类型		人员伤亡		
							本人	他人	轻伤	重伤	死亡
老路面拼宽	高处坠落	登高作业	1.人员违章进入危险区域；2.现场作业人员未正确使用安全防护用品（反光背心、安全帽、安全带等）；3.施工人员疲劳作业；4.管理人员违章指挥、强令冒险作业；5.施工人员身体健康状况异常、心理异常、感知异常（反应迟钝、辨识错误）	1.现场无警示标识或标识破损（警戒区、标牌、反光锥等）；2.无防护或防护装置缺陷；3.安全防护用品不合格（反光背心、安全帽等）	1.雷雨大风（6级以上）、大雾等恶劣天气作业；2.夜间施工照明不足	1.设备设施安全管理制度不完善或未落实；2.安全教育、培训、交底、检查等管理未落实；3.对安全防护验收或进场验收未到位；4.安全投入不足	√		√	√	√
	火灾	静电、明火	1.作业人员违章作业；2.管理人员违章指挥、强令冒险作业	1.消防设施设备不完善；2.易燃物品存放不到位	1.高温天气作业；2.通风不到位	1.安全教育、培训、交底、检查等管理未落实；2.安全投入不足；3.操作规程不规范或未落实	√	√	√	√	√

续上表

施工作业内容	典型风险事件	致害物	致险因素				风险事件后果类型			
			人的因素	物的因素	环境因素	管理因素	易导致伤亡人员类型		人员伤亡		
							本人	他人	轻伤	重伤	死亡
老路面拼宽	灼烫	沥青、沥青混合料、设备等高温	1.作业人员操作错误或违章作业；2.现场作业人员未正确使用安全防护用品；3.管理人员违章指挥、强令冒险作业；4.作业人员疲劳作业；5.作业人员身体健康状况异常、心理异常、感知异常(反应迟钝、辨识错误)	1.现场无警示标识或标识破损(警戒区、标牌、反光锥等)；2.安全防护用品不合格(反光背心、安全帽等)；3.作业安全距离不足		1.安全教育、培训、交底、检查等管理制度不完善或未落实；2.安全投入不足	√			√	
中央分隔带	物体打击	坠落物伤人	1.现场作业人员未正确使用安全防护用品(安全帽等)；2.人员违章进入危险区域；3.管理人员违章指挥、强令冒险作业；4.作业人员身体健康状况异常、心理异常、感知异常(反应迟钝、辨识错误)；5.作业人员操作错误、违章作业(违章抛物)	1.安全防护用品不合格(安全帽等)；2.现场无警示标识或标识破损(警戒区、标牌、反光锥等)；3.作业过程中产生的坠落物(工具、材料等)	1.强风、暴雨、大雪、大雾等不良天气；2.夜间施工照明不足；3.作业场地杂乱	1.安全教育、培训、交底、检查等管理制度不完善或未落实；2.安全防护用品等未进行进场验收或验收不到位；3.安全投入不足		√	√	√	

— 121 —

续上表

施工作业内容	典型风险事件	致害物	致险因素				风险事件后果类型					
			人的因素	物的因素	环境因素	管理因素	易导致伤亡人员类型		人员伤亡			
							本人	他人	轻伤	重伤	死亡
中央分隔带	车辆伤害	自卸车等	1. 不当操作造成车辆安全装置失效； 2. 人员冒险进入危险场所（车辆倒车区域）； 3. 施工人员着装不安全装束； 4. 现场指挥、警戒不当； 5. 管理人员违章指挥，强令冒险作业（进入驾驶员视野盲区等）； 6. 机驾员无有效证件上岗； 7. 违章作业（违规载人、酒后驾驶、超速、超限、超载作业）； 8. 机驾人员身体健康状况异常、心理异常、感知异常（反应迟钝、辨识错误）； 9. 机驾人员疲劳作业； 10. 现场安全防护人员未正确使用安全防护用品（反光背心、安全帽等）	1. 运输车辆未经检验或有缺陷； 2. 个人防护用品用具缺少或有缺陷； 3. 安全警示标志、护栏等装置缺乏或有缺陷； 4. 运输道路承载力不足； 5. 现场无警示标识或标识破损（警戒区、标牌、反光锥贴等）； 6. 车辆带"病"作业（制动装置、喇叭、后视镜、警示灯等设施缺陷）； 7. 车辆作业安全距离不足	1. 场地受限； 2. 道路不符合要求； 3. 大风、暴雨、低温等恶劣天气	1. 技术上的缺陷； 2. 操作者生理、心理上的缺陷； 3. 教育、交底不到位； 4. 管理上的缺失； 5. 未对车辆设备、安全防护用品等进行进场验收或验收不到位； 6. 车辆安全管理制度不完善或未落实（检查、维护保养不到位）； 7. 安全操作规程不规范或未落实（作业前未对车辆周围环境进行检查）	√	√	√	√	

第五章 路基路面工程施工主要安全风险分析

续上表

施工作业内容	典型风险事件	致害物	致 险 因 素				风险事件后果类型				
			人的因素	物的因素	环境因素	管理因素	易导致伤亡人员类型		人员伤亡		
							本人	他人	轻伤	重伤	死亡
中央分隔带	机械伤害	装载机、挖掘机、施工小型机具等	1. 人员违章进入危险区域（机械作业半径等）； 2. 管理人员违章指挥，强令冒险作业； 3. 机械操作人员未持有效证件上岗； 4. 机械操作人员操作错误、违章作业（违规载人、酒后作业）； 5. 操作人员身体健康状况异常、心理异常、感知异常（反应迟钝、辨识错误）； 6. 现场作业人员未正确使用安全防护用品（反光背心、安全帽等）； 7. 机械操作人员疲劳作业	1. 现场无警示标识或标识破损（警戒区、标牌、反光贴等）； 2. 设备设施安全作业距离不足； 3. 设备设施带病作业，设备设施运动或转动装置失效、运动或转动装置无防护或防护装置缺陷等； 4. 安全防护用品（反光背心、安全帽、护目镜等）不合格	1. 强风、暴雨、大雪、大雾等不良天气； 2. 作业场地狭窄、不平整、道路湿滑； 3. 夜间施工照明不足	1. 机械设备安全管理制度不完善或落实（检查维护保养）不到位； 2. 未对机械设备、安全防护用品等进行进场验收或验收验证不完善； 3. 安全教育、培训、交底等管理制度未落实； 4. 机械设备操作规程不规范或未落实； 5. 安全投入不足		√	√	√	√

— 123 —

续上表

施工作业内容	典型风险事件	致害物	致险因素			风险事件后果类型					
			人的因素	物的因素	环境因素	管理因素	易导致伤亡人员类型		人员伤亡		
							本人	他人	轻伤	重伤	死亡
中央分隔带	起重伤害	起重设备、吊起的材料、吊具吊索	1.人员违章进入危险区域；2.管理人员违章指挥，强令冒险作业（无司索信号工或指挥错误、无证上岗等）；3.起重作业人员、司索信号工未持有效证件上岗；4.起重作业人员操作错误、违章作业（酒后作业、违章作业，支腿未全部打开，支腿未垫枕木等）；5.起重人员身体健康状况异常、心理异常、感知异常（反应迟钝、辨识错误）；6.作业人员疲劳作业；7.现场作业人员安全正确使用安全防护用品（反光背心、安全帽等）	1.现场无警示标识或标识破损（警戒区、标牌、反光锥等）；2.吊索、吊具不合格或达到报废标准（钢丝绳、吊带、U形卸扣等）；3.支垫材料（枕木、钢板等）不合格；4.无防护或防护装置缺陷（防脱钩装置、限位装置等）；5.起重机带病作业（制动装置等）；6.安全防护用品（反光背心、安全帽等）不合格；7.指挥信号不清、错误	1.雷雨大风（6级以上）、大雾等恶劣天气作业场地承载不足；2.作业场地不平整；3.夜间施工照明不足	1.起重吊装专项施工方案不完善或未落实；2.设备安全管理制度不完善或未落实（检查或维护保养不到位）；3.起重吊装安全操作规程不规范或未落实；4.安全教育、培训、交底、检查等未落实；5.未对机械设备、安全防护用品等进行进场验收或验收不到位；6.安全投入不足		√	√	√	√

第五章 路基路面工程施工主要安全风险分析

续上表

施工作业内容	典型风险事件	致害物	致险因素				风险事件后果类型				
			人的因素	物的因素	环境因素	管理因素	易导致伤亡人员类型		人员伤亡		
							本人	他人	轻伤	重伤	死亡
			1.不当操作造成车辆安全装置失效； 2.人员冒险进入危险场所(车辆倒车区域)； 3.汽、机驾人员有分散注意力行为，车辆冒险进入边坡临边位置； 4.施工人员着装不安全装束； 5.现场指挥、警戒不当； 6.管理人员违章指挥，强令冒险作业(进入野盲区)； 7.机驾人员未持有效证件上岗； 8.机驾人员违章作业(违规载人、酒后驾驶、超速、超限、超载作业等)； 9.机驾人员身体健康状况异常、心理异常(反应迟钝、辨识错误)； 10.机驾人员疲劳作业； 11.现场作业人员未正确使用安全防护用品(反光背心、安全帽等)； 12.混合料运输应按指定线路行走，不得超载、超速	1.运输车辆未经检验或有缺陷； 2.施工场地环境不良(如照明不佳、场地湿滑等)； 3.个人防护用品用具缺少或有缺陷； 4.安全警示标志、护栏等装置缺乏或栏等装置缺乏或存在缺陷； 5.运输道路承载能力不足； 6.现场无警示标识或警戒区、标牌、反光锥等)破损； 7.车辆带"病"作业(制动装置、喇叭、后视镜、警示灯等设施缺陷)； 8.车辆作业安全距离不足	1.场地受限； 2.道路不符合要求； 3.大风、暴雨、低温等恶劣天气； 4.不稳定坡体	1.技术上的缺陷； 2.操作人员生理、心理上的缺陷； 3.教育、交底不到位； 4.管理上的缺陷； 5.未对车辆设备、安全防护用品等进行进场验收或验收不到位； 6.车辆安全管理制度不完善或落实不到位(检查维护保养不规范)； 7.安全操作规程不规范或未落实(作业前未对车辆周围环境进行检查)					
路肩排水	车辆伤害	自卸车等					√	√	√	√	

— 125 —

续上表

施工作业内容	典型风险事件	致害物	致险因素				风险事件后果类型				
			人的因素	物的因素	环境因素	管理因素	易导致伤亡人员类型		人员伤亡		
							本人	他人	轻伤	重伤	死亡
路肩排水	机械伤害	装载机、自动滑模机及施工小型机具等	1. 人员违章进入危险区域（机械作业半径等）； 2. 管理人员违章指挥、强令冒险作业； 3. 机械操作人员未持有效证上岗； 4. 机械操作人员操作错误、违章作业（违规载人、酒后作业）； 5. 操作人员身体健康状况异常、心理异常、感知异常（反应迟钝、辨识错误）； 6. 现场作业人员未正确使用安全防护用品（反光背心、安全帽等）； 7. 机械操作人员疲劳作业	1. 现场无警示标识或标识（警戒区、标牌、反光贴等）破损； 2. 设备设施安全作业距离不足； 3. 设备带病作业（设备设施制动装置失效、运动转动装置无防护或防护装置缺陷等）； 4. 安全防护用品（反光背心、安全帽、护目镜等）不合格	1. 强风、暴雨、大雪、大雾等不良天气； 2. 作业场地狭窄、不平整、道路湿滑； 3. 夜间施工照明不足	1. 机械设备安全管理制度不完善或未落实（检查维护保养不到位）； 2. 未对机械设备、安全防护用品等进行进场验收或验收不到位； 3. 安全教育、培训、交底等管理制度不完善或未落实； 4. 机械设备操作规程不规范或未落实； 5. 安全投入不足		√	√	√	√

第六章 路基路面工程常见重大作业活动清单

第一节 路基工程常见重大作业活动清单

表6-1列出了路基工程常见重大作业活动清单。

路基工程常见重大作业活动　　　　　表6-1

工程类别	工程类型	常见重大作业活动
路基工程	基坑开挖、支护、降水工程	1. 开挖深度不小于3m的基坑（槽）开挖、支护、降水工程； 2. 深度小于3m但地质条件和周边环境复杂的基坑（槽）开挖、支护、降水工程
	滑坡处理	临河塘段滑坡处理；山坡滑坡处理
	填、挖方路基工程	1. 边坡高度大于20m的路堤或地面斜坡坡率陡于1:2.5的路堤，或不良地质地段、特殊岩土地段的路堤； 2. 土质挖方边坡高度大于20m、岩质挖方边坡高度大于30m，或不良地质地段、特殊岩土地段的挖方边坡； 3. 不良地质条件下有潜在危险性的土方、石方开挖工程
	基础工程	1. 水泥搅拌桩、打入（静压）桩、碎石桩、强夯等地基处理工程； 2. 地下连续墙基础
	防护工程	1. 石质边坡高度30m以上、土质边坡高度15m以上的边坡防护工程； 2. 大型或复杂的边坡防护工程（锚固防护、抗滑桩等）
	大型临时工程	1. 各类工具式模板工程； 2. 支架高度不小于5m；跨度不小于10m；施工总荷载不小于10kN/m²；集中线荷载不小于15kN/m； 3. 便桥、临时码头
	涵洞、通道工程	1. 顶进工程； 2. 下穿既有公路、铁路、管线施工
	起重吊装工程	1. 采用非常规起重设备、方法，且单件起吊重量在10kN及以上的起重吊装工程； 2. 采用起重机械进行安装的工程； 3. 起重机械设备自身的安装、拆卸
	拆除、爆破工程	复杂结构物机械拆除工程；结构物或石方爆破工程

第二节 路面工程常见重大作业活动清单

表6-2列出了路面工程常见重大作业活动。

路面工程常见重大作业活动清单　　　　　表6-2

工程类别	工程类型	常见重大作业活动
路面工程	临时工程	1.水泥稳定碎石、水泥混凝土、沥青混凝土拌和楼安装、拆除； 2.拌合场大棚安装、拆除
	交通组织	交通组织

第七章 路基路面工程常见重大作业活动管控措施建议

第一节 路基工程常见重大作业活动管控措施建议

表7-1列出了路基工程常见重大作业活动管控措施建议。

路基工程常见重大作业活动管控措施建议　　　　　　表7-1

常见重大作业活动		风险管控措施
基坑开挖、支护、降水工程	1. 开挖深度不小于3m的基坑(槽)开挖、支护、降水工程； 2. 开挖深度小于3m但地质条件和周边环境复杂的基坑(槽)开挖、支护、降水工程	1. 应建立健全安全保证体系和相关文明施工安全保障制度。 2. 应编制专项施工方案，组织专家对重大风险源进行评估、对方案进行论证；方案需经审批合格后方可施工。 3. 如遇地质、水文等情况与勘测设计资料不符时，应及时联系相关单位，必要时对专项方案进行修改，修改后的专项施工方案应当重新审核和论证。 4. 应做好进场作业人员安全教育培训；组织不同层级的专项安全技术交底并开展重大致险因素与管控方案告知。 5. 应编制有针对性的作业指导书。 6. 应组织分部分项开工安全条件自查，并同时组织开工安全生产条件核查。 7. 应准确合理安排工作面长度、分层高度，施工过程中严格按施工技术要求的顺序及坡度进行开挖(填筑)，分层设置边坡防护措施。严禁上下垂直作业。 8. 应对开挖工程进行施工监测和安全巡视，发现危及人身安全的紧急情况，应当立即组织作业人员撤离危险区域。 9. 应当结合危大工程专项施工方案编制有针对性的实施细则，并对危大工程施工实施专项巡视检查。 10. 制订边坡稳定性观测方案，加强监测、监控，发现有异常现象时及时组织人员，安排设备撤离到安全地段，待采取措施确认安全后，方可恢复施工。 11. 需要进行第三方监测的，应当委托具有相应勘察资质的单位进行，应当编制监测方案，按照监测方案开展监测，及时向上级报送监测成果，并对监测成果负责；发现异常时，及时向相关单位报告，应当立即组织相关单位采取处置措施。 12. 应向作业人员发放合格的安全防护用品。 13. 合理安排施工计划，开挖进度与防渗、排水施工进度相匹配。

续上表

常见重大作业活动		风险管控措施
基坑开挖、支护、降水工程	1. 开挖深度不小于3m的基坑(槽)开挖、支护、降水工程; 2. 开挖深度小于3m但地质条件和周边环境复杂的基坑(槽)开挖、支护、降水工程	14. 加强设备管理,应对进场设备进行验收,确保性能完好,应对进场设备资料、操作人员证件进行审核,合格后方可进场使用。 15. 及时进行边坡防渗体施工,施工过程中按技术质量工艺要求,确保防渗体施工质量。遇到渗水情况时,应提高警惕,做好截渗工作以免其发展造成边坡坍塌。 16. 开挖中,出现边坡顶部地表裂缝、坡面坍塌时,必须立即停止施工,人员撤离危险区,待采取措施确认安全后,方可恢复施工。 17. 坡顶严禁堆土。 18. 堆土(渣)场选址规划是否合理,堆土(渣)高度、排水设施满足要求。 19. 现场设置警示标志标牌。 20. 交通组织按照方案进行。 21. 需爆破作业的,应按规定办理爆破作业合同备案或项目许可等手续,爆破作业及民用爆炸物品采购、运输、储存管理符合规定要求。 22. 编制专项应急预案,完善应急措施,储备应急物资及设备,开展应急队伍培训,适时组织应急演练工作。 23. 发生险情或者事故时,应当立即采取应急处置措施,并报告工程所在地主管部门。及时开展应急抢险工作
滑坡处理和填、挖方路基工程	1. 滑坡处理; 2. 边坡高度大于20m的路堤或地面斜坡坡率陡于1:2.5的路堤,或不良地质地段、特殊岩土地段的路堤; 3. 土质挖方边坡高度大于20m,岩质挖方边坡高度大于30m,或不良地质地段、特殊岩土地段的挖方边坡; 4. 不良地质条件下有潜在危险性的土方、石方开挖工程	1. 应建立健全安全保证体系和相关文明施工安全保障制度。 2. 应编制专项施工方案,组织专家对重大风险源进行评估、对方案进行论证;方案需审批合格后方可施工。 3. 如遇地质、水文等情况与勘测设计资料不符的,应及时联系相关单位,必要时对专项方案进行修改,修改后的专项施工方案应当重新审核和论证。 4. 做好进场作业人员安全教育培训;组织不同层级的专项安全技术交底并开展重大致险因素与管控方案告知。 5. 应编制有针对性的作业指导书。 6. 组织分部分项开工安全条件自查,并同时组织开工安全生产条件核查。 7. 应准确合理安排工作面长度、分层高度,施工过程中严格按施工技术要求的顺序及坡度进行开挖(填筑),分层设置边坡防护措施。严禁上下垂直作业。 8. 应对开挖工程进行施工监测和安全巡视,发现危及人身安全的紧急情况,应当立即组织作业人员撤离危险区域。 9. 应当结合危大工程专项施工方案编制有针对性的实施细则,并对危大工程施工实施专项巡视检查。 10. 制订边坡稳定性观测方案,加强监测、监控,发现有异常现象时及时组织人员,安排设备撤离到安全地段,待采取措施确认安全后,方可恢复施工。

续上表

常见重大作业活动		风险管控措施
滑坡处理和填、挖方路基工程	1. 滑坡处理； 2. 边坡高度大于20m的路堤或地面斜坡坡率陡于1∶2.5的路堤，或不良地质地段、特殊岩土地段的路堤； 3. 土质挖方边坡高度大于20m，岩质挖方边坡高度大于30m，或不良地质地段、特殊岩土地段的挖方边坡； 4. 不良地质条件下有潜在危险性的土方、石方开挖工程	11. 需要进行第三方监测的，应当委托具有相应勘察资质的单位进行，并编制监测方案，按照监测方案开展监测，及时向上级单位报送监测成果，并对监测成果负责；发现异常时，及时向相关单位报告，应当立即组织相关单位采取处置措施。 12. 应向作业人员发放合格的安全防护用品。 13. 合理安排施工计划，开挖进度与防渗、排水施工进度相匹配。 14. 加强设备管理，应对进场设备进行验收，确保性能完好，应对进场设备资料、操作人员证件进行审核，合格后方可进场使用。 15. 及时进行边坡防渗体施工，施工过程中按技术质量工艺要求，确保防渗体施工质量。遇到渗水情况时，应提高警惕，做好截渗工作以免其发展造成边坡坍塌。 16. 开挖中，如果出现边坡顶部地表裂缝、坡面坍塌时，必须立即停止施工，人员撤离危险区，待采取措施确认安全后，方可恢复施工。 17. 坡顶严禁堆土。 18. 堆土（渣）场选址规划是否合理，堆土（渣）高度、排水设施满足要求。 19. 现场设置警示标志标牌。 20. 交通组织按照方案进行。 21. 需爆破作业的，应按规定办理爆破作业合同备案或项目许可等手续，爆破作业及民用爆炸物品采购、运输、储存管理符合规定要求。 22. 编制专项应急预案，完善应急措施，储备应急物资及设备，开展应急队伍培训，适时组织应急演练工作。 23. 发生险情或者事故时，应当立即采取应急处置措施，及时开展应急抢险工作，并报告工程所在地主管部门
基础工程	1. 粉喷桩、湿喷桩、打入（静压）桩、强夯等地基处理工程	1. 应建立健全安全保证体系和相关文明施工安全保障制度。 2. 应在施工前结合当地气象、水文、地质及航道通行等情况，编制专项施工方案，方案需审批合格后方可施工。 3. 如遇地质、水文等情况与勘测设计资料不符时，应及时联系相关单位，必要时对专项方案进行修改，修改后的专项施工方案应当重新审核。 4. 做好进场作业人员安全教育培训；组织不同层级的专项安全技术交底并开展重大致险因素与管控方案告知。 5. 应编制有针对性的作业指导书。 6. 组织分部分项开工安全条件自查，并同时组织开工安全生产条件核查。 7. 做好桩机设备进场前后的检查验收，预防和杜绝不符合安全作业条件的设备进场作业，严禁设备带病运转。 8. 做好水泥浆搅拌池等临边防护工作，挂设或粘贴相关安全警示标志标识。 9. 在作业过程中，安排专人进行指挥作业。

续上表

常见重大作业活动		风险管控措施
基础工程	1.粉喷桩、湿喷桩、打入(静压)桩、强夯等地基处理工程	10.规范临时用电,严格按照"一机一闸一漏保"规范取用电。 11.对配电箱进行防雨保护,在施工现场合适部位张贴或悬挂"当心触电""注意安全"等安全警示标志。 12.应进行施工监测和安全巡视,发现危及人身安全的紧急情况,应当立即组织作业人员撤离危险区域。 13.应当结合危大工程专项施工方案编制有针对性的实施细则,并对危大工程施工实施专项巡视检查。 14.应向作业人员发放合格的安全防护用品。 15.加强设备管理,进场设备需进行验收,确保性能完好,应对进场设备资料、操作人员证件进行审核,合格后方可进场使用。 16.特殊工种、设备操作人员必须经专门安全技术培训,考试合格持证上岗,并定期体检;应对持证人员进行核验,确保人证相符。 17.编制严防起重伤害、物体打击、机械伤害、高处坠落、触电、船舶碰撞、溺水、倾覆等伤害的应急预案,完善应急措施,储备应急物资及设备,开展应急队伍培训,适时组织应急演练工作。 18.发生险情或者事故时,应当立即采取应急处置措施,并报告工程所在地主管部门。建设、勘察、设计、监理等单位应当配合施工单位开展应急抢险工作
	2.挡土墙基础	1.应建立健全安全保证体系和相关文明施工安全保障制度。 2.应在施工前结合区域实际地形、水文、地质条件,勘察被支护体自然状态,编制专项施工方案,方案需报监理单位审批合格后方可施工。 3.做好进场作业人员安全教育培训;组织不同层级的专项安全技术交底并开展重大致险因素与管控方案告知。 4.应编制有针对性的作业指导书。 5.应组织分部分项开工安全条件自查,并同时组织开工安全生产条件核查。 6.根据结构物的特点,挡土墙基础、墙身需分开浇筑,在断面上按设计分段施工。 7.脚手架外围挂设绿色密目安全网和安全警示标示牌,绑扎牢固,严密。 8.施工平台满铺脚手板,并与钢管架绑扎牢固。平台周围设置防护栏杆,高1.5m。 9.脚手架设置安全通道,安全通道上两侧设置1.2m扶手栏杆。 10.应进行施工监测和安全巡视,发现危及人身安全的紧急情况,应当立即组织作业人员撤离危险区域。 11.应当结合危大工程专项施工方案编制有针对性的监理实施细则,并对危大工程施工实施专项巡视检查。 12.应向作业人员发放合格的安全防护用品。 13.加强设备管理,应对进场设备进行验收,确保性能完好,应对进场设备资料、操作人员证件进行审核,合格后方可进场使用。

续上表

常见重大作业活动		风险管控措施
基础工程	2.挡土墙基础	14.特殊工种、设备操作人员必须经专门安全技术培训,考试合格持证上岗,并定期体检;施工、监理单位应对持证人员进行核验,确保人证相符。 15.现场设置警戒区以及警示标志标牌。 16.编制严防物体打击、车辆伤害、机械伤害、起重伤害、坍塌的应急预案,完善应急措施,储备应急物资及设备,开展应急队伍培训,适时组织应急演练工作。 17.发生险情或者事故时,应当立即采取应急处置措施,并报告工程所在地主管部门。建设、勘察、设计、监理等单位应当配合施工单位开展应急抢险工作
防护工程	1.石质边坡高度30m以上、土质边坡高度15m以上的边坡防护工程	1.应建立健全安全保证体系和相关文明施工安全保障制度。 2.应编制专项施工方案,组织专家对重大风险源进行评估;方案需报监理单位审批合格后方可施工。 3.做好进场作业人员安全教育培训;组织不同层级的专项安全技术交底并开展重大致险因素与管控方案告知。 4.应编制有针对性的作业指导书。 5.组织分部分项开工安全条件自查,并同时组织开工安全生产条件核查。 6.应准确合理安排工作面长度、分层高度,施工过程中严格按施工技术要求的顺序及坡度进行施工,分层设置边坡防护措施。严禁上下垂直作业。 7.应进行施工监测和安全巡视,发现危及人身安全的紧急情况,应当立即组织作业人员撤离危险区域。 8.应当结合危大工程专项施工方案编制有针对性的监理实施细则,并对危大工程施工实施专项巡视检查。 9.制订边坡稳定性观测方案,加强监测、监控,发现有异常现象时及时组织人员,安排设备撤离到安全地段,待采取措施确认安全后,方可恢复施工。 10.需要进行第三方监测的,应当委托具有相应勘察资质的单位进行,监测单位应当编制监测方案,按照监测方案开展监测,及时向建设单位报送监测成果,并对监测成果负责;发现异常时,及时向建设、设计、施工、监理单位报告,应当立即组织相关单位采取处置措施。 11.应向作业人员发放合格的安全防护用品。 12.加强设备管理,进场设备需进行验收,确保性能完好,应对进场设备资料、操作人员证件进行审核,合格后方可进场使用。 13.施工中,出现边坡顶部地表裂缝、坡面坍塌时,必须立即停止施工,人员撤离危险区,待采取措施确认安全后,方可恢复施工。 14.坡顶严禁堆土(渣)。 15.堆土(渣)场选址规划是否合理,堆土(渣)高度满足要求。

续上表

常见重大作业活动		风险管控措施
防护工程	1.石质边坡高度30m以上、土质边坡高度15m以上的边坡防护工程	16.现场设置警示标志标牌。 17.交通组织按照方案进行。 18.需爆破作业的,应按规定办理爆破作业合同备案或项目许可等手续,爆破作业及民用爆炸物品采购、运输、储存管理符合规定要求。 19.编制专项应急预案,完善应急措施,储备应急物资及设备,开展应急队伍培训,适时组织应急演练工作。 20.发生险情或者事故时,应当立即采取应急处置措施,并报告工程所在地主管部门。建设、勘察、设计、监理等单位应当配合施工单位开展应急抢险工作
	2.大型或复杂的边坡防护工程(锚固防护、抗滑桩等)	1.应建立健全安全保证体系和相关文明施工安全保障制度。 2.应编制专项施工方案,组织专家对重大风险源进行评估、对方案进行论证;方案需报监理单位审批合格后方可施工。 3.如遇地质与勘测设计资料不符的,应及时联系建设、设计、勘察单位,必要时对专项方案进行修改,修改后的专项施工方案应当重新审核和论证。 4.做好进场作业人员安全教育培训;组织不同层级的专项安全技术交底并开展重大致险因素与管控方案告知。 5.应编制有针对性的作业指导书。 6.组织分部分项开工安全条件自查,并同时组织开工安全生产条件核查。 7.应准确合理安排工作面长度、分层高度,施工过程中严格按施工技术要求的顺序及坡度进行施工,分层设置边坡防护措施。严禁上下垂直作业。 8.应进行施工监测和安全巡视,发现危及人身安全的紧急情况,应当立即组织作业人员撤离危险区域。 9.应当结合危大工程专项施工方案编制有针对性的监理实施细则,并对危大工程施工实施专项巡视检查。 10.制订边坡稳定性观测方案,加强监测、监控,发现有异常现象时及时组织人员,安排设备撤离到安全地段,待采取措施确认安全后,方可恢复施工。 11.需要进行第三方监测的,应当委托具有相应勘察资质的单位进行,监测单位应当编制监测方案,按照监测方案开展监测,及时向建设单位报送监测成果,并对监测成果负责;发现异常时,及时向建设、设计、施工、监理单位报告,应当立即组织相关单位采取处置措施。 12.应向作业人员发放合格的安全防护用品。 13.加强设备管理,进场设备需进行验收,确保性能完好,应对进场设备资料、操作人员证件进行审核,合格后方可进场使用。 14.施工中,出现边坡顶部地表裂缝、坡面坍塌时,必须立即停止施工,人员撤离危险区,待采取措施确认安全后,方可恢复施工。 15.坡顶严禁堆土(渣)。

续上表

常见重大作业活动		风险管控措施
防护工程	2.大型或复杂的边坡防护工程(锚固防护、抗滑桩等)	16. 堆土(渣)场选址规划是否合理,堆土(渣)高度满足要求。 17. 现场设置警示标志标牌。 18. 交通组织按照方案进行。 19. 需爆破作业的,应按规定办理爆破作业合同备案或项目许可等手续,爆破作业及民用爆炸物品采购、运输、储存管理符合规定要求。 20. 编制专项应急预案,完善应急措施,储备应急物资及设备,开展应急队伍培训,适时组织应急演练工作。 21. 发生险情或者事故时,应当立即采取应急处置措施,并报告工程所在地主管部门。建设、勘察、设计、监理等单位应当配合施工单位开展应急抢险工作
大型临时工程	1.各类工具式模板工程	1. 按照法律法规、标准的要求制定安全管理制度和操作规程,规范管理。 2. 编制专项施工方案,规范落实。 3. 作业人员必须经过岗前培训(三级安全教育培训、分部分项工程和工种安全技术交底、岗位风险告知、重大风险源告知和签订安全生产责任书)并考核合格后方可进场作业。 4. 作业人员进场作业必须正确佩戴合格的安全防护用品。 5. 脚手架搭设人员、高处作业人员必须持有主管部门颁发的特种作业证。 6. 加强设施、设备验收和日常检修,确保完好。 7. 支撑系统地基应坚固稳定,经承载力验算合格,并设置排水沟;支撑立杆底部应加设满足支撑承载力要求的垫板。 8. 严格按专项方案中明确的施工技术要求进行搭设,规范设置扫地杆、剪刀撑、连墙件、脚手板等,同步做好上下人行通道、外侧防护、临边防护措施。 9. 堆放模板时,严格控制数量、重量,防止超载。堆放数量较多时,应进行荷载计算,并对模板进行加固。 10. 模板拆除时,应将已活动的模板、拉杆、支撑等固定牢固,严防突然掉落、倒塌伤人。 11. 遇有大雨、大雪、大雾及风力6级以上(含6级)等恶劣天气,严禁搭设脚手架;大雨、大雪、大雾及风力5级以上(含五级)等恶劣天气,严禁大模板吊装作业。严禁在带电的高压线下或一侧作业。 12. 加强安全封闭,危险区域设置安全标志。 13. 加强现场监督检查、定期检查纠偏。 14. 制订应急预案,及时应急响应

续上表

常见重大作业活动		风险管控措施
大型临时工程	2.支架高度不小于5m；跨度不小于10m，施工总荷载不小于10kN/m²；集中线荷载不小于15kN/m	1.按照法律法规、标准的要求制定安全管理制度和操作规程，规范管理。 2.编制专项施工方案(支架高度不小于8m；跨度不小于18m，施工总荷载不小于15kN/m²；集中线荷载不小于20kN/m，必须组织专家论证)，规范落实。 3.作业人员必须经过岗前培训(三级安全教育培训、分部分项工程和工种安全技术交底、岗位风险告知、重大风险源告知和签订安全生产责任书)并考核合格后方可进场作业。 4.作业人员进场作业必须正确佩戴合格的安全防护用品。 5.支架搭设人员、高处作业人员必须持有主管部门颁发的特种作业证。 6.加强设施、设备验收和日常检修，确保完好。 7.立柱模板与支架之间应保证独立支撑体系，避免支架上动荷载影响模板定位。 8.按照专项施工方案要求设置临边防护、照明设施和安全通道。 9.大雨、大雪、大雾及风力6级以上(含六级)等恶劣天气，严禁进行支架搭设作业。 10.支架搭设必须与外电架空线路保持安全距离。 11.支架搭设完成后，必须经过验收合格之后方可投入使用。 12.加强安全封闭，危险区域设置安全标志。 13.加强现场监督检查、定期检查纠偏。 14.制订应急预案，及时应急响应
	3.便桥、临时码头	1.建立健全安全保证体系和相关文明施工安全保障制度。 2.施工前应结合当地气象条件，掌握施工区域附近的道路、铁路、航道等影响情况，编制便桥、临时码头专项施工方案，出具计算书，明确便桥等限速、限载要求，并组织专家对方案进行论证；方案需报监理单位审批合格后方可施工。 3.进场作业人员需进行安全教育培训；组织不同层级的专项安全技术交底并开展重大致险因素与管控方案告知。 4.编制有针对性作业指导书。 5.特殊工种、设备操作人员必须经专门安全技术培训，考试合格持证上岗，并定期体检；施工、监理单位应对持证人员进行核验，确保人证相符。 6.作业人员需佩戴合格的安全防护用品。 7.加强设备管理，进场设备需进行验收，确保性能完好，监理单位应对进场设备资料、操作人员证件进行审核，合格后方可进场使用。 8.组织分部分项开工安全条件自查，监理单位组织开工安全生产条件核查。

续上表

常见重大作业活动		风险管控措施
大型临时工程	3.便桥、临时码头	9.如遇地质、水文周边环境变化等情况与勘测、设计资料不符时,应及时联系建设、设计、勘察单位,必要时对专项方案进行修改,修改后的专项施工方案应当重新审核和论证。 10.跨桥、路、航道时应满足跨线施工安全相关要求。 11.应对施工过程进行安全管控,发现危及人身安全的紧急情况,应当立即组织作业人员撤离危险区域。 12.应当结合专项施工方案编制有针对性的监理实施细则,并对实施过程进行专项巡视检查。 13.核查办理水上水下施工作业许可证、航行公告等相关手续办理情况。 14.平台便桥安装、拆除顺序必须严格按已验算审核通过的设计方案执行,不得随意更改。 15.钢管桩的堆放和吊运,严格按照施工方案执行,吊点位置确保在设计计算范围。 16.在作业过程中,安排专人进行指挥作业。 17.安装过程必须配备经验丰富的起重机司机,起重机吨位必须满足安装过程使用要求;安装钢管桩时,必须定期认真检查钢丝绳、吊钩,如有损坏应立即更换。 18.规范临时用电,严格按照"一机一闸一漏保"规范取用电。 19.平台便桥架设安装每道工序完成后必须进行质量检验并通过验收后方可进行下道工序作业。 20.吊物上禁止站人或放置杂物,禁止人员站在重物和固定物中间。临边作业穿救生衣,戴安全带,穿防滑鞋,清理干净地面杂物,及油污。 21.编制严防起重伤害、触电、高处坠落、坍塌、溺水等危害的应急预案,完善应急措施,储备应急物资及设备,开展应急队伍培训,适时组织应急演练工作。 22.发生险情或者事故时,应当立即采取应急处置措施,并报告工程所在地主管部门。建设、监理等单位应当配合施工单位开展应急抢险工作
涵洞、通道工程	1.顶进工程	1.建立健全安全保证体系和相关文明施工安全保障制度。 2.施工前需结合区域实际地形、水文、地质条件,勘察被支护体自然状态编制专项施工方案,组织专家对方案进行论证;方案需报监理单位审批合格后方可施工。 3.如遇地质、水文等情况与勘测设计资料不符时,应及时联系建设、设计、勘察单位,必要时对专项方案进行修改,修改后的专项施工方案应当重新审核和论证。 4.进场作业人员需进行安全教育培训;组织不同层级的专项安全技术交底并开展重大致险因素与管控方案告知。 5.应编制有针对性的作业指导书。 6.需进行分部分项开工安全条件自查,监理单位组织开工安全生产条件核查。

续上表

常见重大作业活动		风险管控措施
涵洞、通道工程	1.顶进工程	7.应准确合理安排工作面长度、分层高度,施工过程中严格按施工技术要求的顺序及坡度进行开挖(填筑),分层设置边坡防护措施。严禁上下垂直作业。 8.涵洞基坑和顶进工作坑施工应按基坑开挖支护相关安全规定进行。 9.雨季不宜顶进作业,无法避开时,应采取防洪、排水措施。 10.顶进作业时,地下水位应降至涵洞或通道桥涵基础底面1m以下,且降水作业应控制土体沉降。 11.顶进前,应注浆加固易坍塌土体,并应通过试验确定注浆参数,注浆时土体不得隆起。 12.传力柱支撑面应密贴,方向应与顶力轴线一致。每4~8m宜加一道横梁,应采用填土压重等防止传力柱崩出伤人的措施,传力柱上方不得站人。应安排专人密切观察传力柱的变化,有拱起、弯曲等变形时,应立即停止顶进,进行调整。 13.顶进路基后,宜连续作业。 14.顶进挖土时,应排专人监护。发现异常时,作业人员应立即撤离危险区域,并视情况采取交通安全保障措施。 15.顶进挖土作业应坚持"勤挖快顶"的原则。不得掏洞取土、逆坡挖土。顶进暂停期内不得挖土。 16.挖土机械不得碰撞加固设施和桥涵主体结构,人工清理开挖作业面时,挖土机械应退出开挖面。支点桩不得爆破拆除。 17.制订原有公路、铁路桥涵观测方案,加强监测、监控,发现有异常现象时停止施工,分析原因,制定处理方案,及时进行加固,待观测稳定后,方可恢复施工,同时应加大监测频率。必要时临时停止原有交通。 18.应对顶推施工进行施工监测和安全巡视,发现危及人身安全的紧急情况,应当立即组织作业人员撤离危险区域。 19.应当结合危大工程专项施工方案编制有针对性的监理实施细则,并对危大工程施工实施专项巡视检查。 20.需要进行第三方监测的,应当委托具有相应勘察资质的单位进行,并编制监测方案,按照监测方案开展监测,及时向上级单位报送监测成果,并对监测成果负责;发现异常时,及时向建设、设计、施工、监理单位报告,建设单位应当立即组织相关单位采取处置措施。 21.作业人员需佩戴合格的安全防护用品。 22.加强设备管理,进场设备需进行验收,确保性能完好,进场设备资料、操作人员证件需进行审核,合格后方可进场使用。 23.特殊工种、设备操作人员必须经专门安全技术培训,考试合格持证上岗,并定期体检;并持证人员进行核验,确保人证相符。 24.现场设置警示标志标牌。 25.交通组织按照方案进行。 26.编制严防起重伤害、机械伤害、车辆伤害、高处坠落、触电等伤害的应急预案,完善应急措施,储备应急物资及设备,开展应急队伍培训,适时组织应急演练工作。 27.发生险情或者事故时,应当立即采取应急处置措施,并报告工程所在地主管部门。建设、勘察、设计、监理等单位应当配合施工单位开展应急抢险工作

续上表

常见重大作业活动		风险管控措施
涵洞、通道工程	2.下穿既有公路、铁路、管线施工	1.建立健全安全保证体系和相关文明施工安全保障制度。 2.应编制专项施工方案(含公路、铁路桥涵保护方案),组织专家对重大风险源进行评估、对方案进行论证;方案需报监理单位审批合格后方可施工。 3.在施工前结合区域水文、地质条件,勘察项目于周边建筑物之间的关系,分析路基施工影响线,必要时对专项方案进行修改,修改后的专项施工方案应当重新审核和论证。 4.做好进场作业人员安全教育培训;组织不同层级的专项安全技术交底并开展重大致险因素与管控方案告知。 5.应编制有针对性的作业指导书。 6.需组织分部分项开工安全条件自查,并组织开工安全生产条件核查。 7.准确合理开挖和支护顺序,施工过程中严格按施工技术要求进行开挖,同步做好边坡支、防护措施。 8.土层中有水时,还应制定降排水措施,控制降排水速率,保持必要的水头高度,确保原有公路、铁路桥涵基础稳定。 9.施工现场附近有电力架空线时,应设专人监控。 10.制订原有公路、铁路桥涵观测方案,加强监测、监控,发现有异常现象时停止施工,分析原因,制订处理方案,及时进行加固,待观测稳定后,方可恢复施工,同时加大监测频率。必要时临时停止原有交通。 11.应进行施工监测和安全巡视,发现危及人身安全的紧急情况,应当立即组织作业人员撤离危险区域。 12.应当结合危大工程专项施工方案编制有针对性的实施细则,并对危大工程施工实施专项巡视检查。 13.作业人员需佩戴合格的安全防护用品。 14.加强设备管理,对进场设备进行验收,确保性能完好,并对进场设备资料、操作人员证件进行审核,合格后方可进场使用。 15.特殊工种、设备操作人员必须经专门安全技术培训,考试合格持证上岗,并定期体检;应对持证人员进行核验,确保人证相符。 16.现场设置警示标志标牌。 17.严格按照方案进行交通组织。 18.编制严防物体打击、车辆伤害、机械伤害、起重伤害、坍塌的应急预案,完善应急措施,储备应急物资及设备,开展应急队伍培训,适时组织应急演练工作。 19.发生险情或者事故时,应当立即采取应急处置措施,并报告工程所在地主管部门

续上表

常见重大作业活动		风险管控措施
起重吊装工程	1. 采用非常规起重设备、方法,且单件起吊重量在 10kN 及以上的起重吊装工程; 2. 采用起重机械进行安装的工程; 3. 起重机械设备自身的安装、拆卸	1. 建立健全安全保证体系和相关文明施工安全保障制度。 2. 应编制起重吊装工程专项施工方案,组织专家对方案进行论证;非常规设备及特种设备的安装、拆除应单独编制专项方案,组织专家对方案进行论证;方案需报监理单位审批合格后方可施工。 3. 实行分包并由分包单位编制专项施工方案的,专项施工方案应当由总承包单位技术负责人及分包单位技术负责人共同审核签字并加盖单位公章。 4. 设备的安装、拆除应由具有相应资质单位进行。 5. 做好进场作业人员安全教育培训;组织不同层级的专项安全技术交底并开展重大致险因素与管控方案告知。 6. 应编制有针对性的起重吊装、设备安装拆除作业指导书。 7. 起重工、信号工必须经专门安全技术培训,考试合格持证上岗,并定期体检;对持证人员进行核验,确保人证相符。 8. 加强设备管理,对进场设备进行验收,确保性能完好,应对进场设备资料、操作人员证件进行审核,合格后方可进场使用。 9. 非常规起重设备、需要安装的设备应经专业机构检验、检测合格后方可投入使用。 10. 制订设备管理制度,专人管理,做好设备日常管理、保养、维修,建立设备台账。 11. 应向作业人员发放合格的安全防护用品。 12. 组织分部分项开工安全条件自查,组织开工安全生产条件核查。 13. 应对起重吊装施工进行安全巡视,发现危及人身安全的紧急情况,应当立即组织作业人员撤离危险区域。 14. 应当结合专项施工方案编制有针对性的监理实施细则,并对起重吊装工程施工实施专项巡视检查。 15. 起重机作业时,必须确定吊装区域,并设警戒标志,必要时派人监护;作业前必须检查作业环境,吊索具、防护用品、吊装区域无闲散人员,障碍已排除。吊索具、保险装置无缺陷,捆绑正确牢固,被吊物与其他物件无连接。确认安全后方可作业。 16. 遇有大雨、大雪、大雾及风力 6 级以上(含 6 级)等恶劣天气,必须停止露天起重吊装;严禁在带电的高压线下或一侧作业。 17. 设备拆除严格按方案进行。 18. 应编制严防高处坠落及起重、物体打击、车辆伤害事故伤害的应急预案,完善应急措施,储备应急物资及设备,开展应急队伍培训,适时组织应急演练工作。 19. 发生险情或者事故时,应当立即采取应急处置措施,并报告工程所在地主管部门

续上表

常见重大作业活动		风险管控措施
拆除、爆破工程	爆破工程	1. 建立健全安全保证体系和相关文明施工安全保障制度。 2. 应编制专项施工方案(含爆破设计方案),组织专家对重大风险源进行评估、对方案进行论证。 3. 在施工前应认真研究山体地质、地形和水文条件,必要时进行补勘,尽可能完善石方开挖爆破工程施工方案及安全方案;如遇山体地质、地形和水文条件等情况与勘探设计资料不符的,应及时联系建设、设计、勘察单位,必要时对专项方案进行修改,修改后的专项施工方案应当重新审核和论证。 4. 从事爆破工作的爆破员、安全员、保管员应按照有关规定经专业机构培训,并取得相应的从业资格,应组织不同层级的专项安全技术交底并开展重大致险因素与管控方案告知。 5. 在施工前应认真研究山体地质、地形和水文条件,必要时进行补勘,尽可能完善石方开挖爆破工程施工方案及安全方案,并按规定做好相应的施工交底与安全交底。 6. 从事爆破工作的爆破员、安全员、保管员,应按照有关规定经专业机构培训,并取得相应的从业资格。 7. 爆破作业单位应按规定办理爆破作业合同备案或项目许可等手续,爆破作业及民用爆炸物品采购、运输、存储管理、爆破作业应按《民用爆破物品安全管理条例》和《爆破安全规程》(GB 6722—2014)执行。 8. 经审批的爆破作业项目,爆破作业单位应于施工前3天发布公告,并在作业地点张贴,公告内容应符合《公路工程施工安全技术规范》(JTG/F 90—2015)相关规定。 9. 爆破作业必须设置警戒区和警戒人员,起爆前必须撤出人员并按规定设置声、光等警示信号。 10. 起爆时,施工作业人员、其他保护对象的安全距离应不小于爆破设计方案计算的安全距离。 11. 在控制爆破时,应对附近构筑物或设施进行防振、防护覆盖,以减弱爆破振动的影响和噪音,防止碎块飞掷。 12. 雷电、暴雨雪天气不得实施爆破作业。强电场区爆破作业不得使用电雷管。能见度不超过100m的雾天等恶劣天气不得露天爆破作业。 13. 现场设置警示标志标牌。 14. 编制专项应急预案,完善应急措施,储备应急物资及设备,开展应急队伍培训,适时组织应急演练工作。 15. 发生险情或者事故时,应当立即采取应急处置措施,并报告工程所在地主管部门

第二节　路面工程常见重大作业活动管控措施建议

表7-2列出了路面工程常见重大作业活动管控措施建议。

路面工程常见重大作业活动管控措施建议　　　　表7-2

常见重大作业活动		风险管控措施
临时工程	1.水泥稳定碎石、水泥混凝土、沥青混凝土拌和楼安装、拆除	1.建立组织管理体系和安全保障体系,明确责任。 2.选址:有利于运输交通安全,避开集镇、高压管线,避免粉尘污染和噪声污染,兼顾经济性、用地性质。 3.进行场内建设方案设计和临时用电方案设计,编制消防专项方案,并通过专家审查批准。 4.做好防雷措施工作,并经专业机构进行论证。 5.场站区域实行封闭式管理,禁止社会闲杂人员进出。 6.规划好场内通行道路,避免与施工作业相互干扰,严禁占用消防通道。 7.对重型设备安装、起重设备的地基承载力进行验算,不满足要求时需进行加固处理。 8.对进场施工管理人员实施进场三级教育、安全技术交底培训,实行班前安全例会制度。 9.进出场作业人员必须做好安全防护用品配置工作。 10.登高作业时需配备登高车、系好安全带,严禁私自攀爬。 11.起重机严格按安全操作规程起重作业。认真检查起重工具设备,确保安全可靠,并设置专业人员进行指挥作业。 12.应编制起重吊装工程专项施工方案,非常规设备及特种设备的安装、拆除应单独编制专项方案,组织专家对方案进行论证;经审批合格后方可施工。 13.设备的安装、拆除应由具有相应资质单位进行。 14.起重工、信号工必须经专门安全技术培训,考试合格持证上岗,并定期体检。 15.加强设备管理,应对进场设备进行验收,确保性能完好,应对进场设备资料、操作人员证件进行审核,合格后方可进场使用。 16.应制订设备管理制度,专人管理,做好设备日常管理、保养、维修,建立设备台账。 17.应对起重吊装施工进行安全巡视,发现危及人身安全的紧急情况,应当立即组织作业人员撤离危险区域。 18.起重机作业时,必须确定吊装区域,并设警戒标志,必要时派人监护;作业前必须检查作业环境,吊索具、防护用品、吊装区域无闲散人员,障碍已排除。吊索具无缺陷,捆绑正确牢固,被吊物与其他物件无连接。坚持"十不吊",制订人员站位图,进行班组现场交底,确认安全后方可作业。

续上表

常见重大作业活动		风险管控措施
临时工程	1. 水泥稳定碎石、沥青混凝土拌和楼安装、拆除	19. 遇有大雨、大雪、大雾及风力6级以上（含6级）等恶劣天气，必须停止露天起重吊装，严禁在带电的高压线下或一侧作业。 20. 设备拆除严格按方案进行，满足起重作业措施要求，后装的先拆，先装的后拆，设备拆除前需断开电源，挂好吊绳、风绳，设置好余下构件的稳定措施，严格按照拆除顺序进行施工，拆除施工区域需封闭，严禁无关人员进入。 21. 应编制严防高处坠落及起重、物体打击、车辆伤害事故伤害的应急预案，完善应急措施，储备应急物资及设备，开展应急队伍培训，适时组织应急演练工作。 22. 大件运输需委托具有相应资质的第三方进行。 23. 沥青拌和站导热油锅炉和天然气站需有资质的第三方进行安装，需经国家权威认证的检测机构验收后方可使用。 24. 发生险情或者事故时，应当立即采取应急处置措施，并报告工程所在地主管部门。相关单位应当配合开展应急抢险工作。 25. 成立环境保护小组，避免施工噪声扰民，尽量避免夜间施工作业。 26. 场站建设需设置洒水车、干洗车、喷淋系统、雾炮机及洗车台、料仓吸尘系统、拌和楼除烟系统等有效措施防止扬尘。 27. 拌和站采用固体废料和液体废水分离的方式，固体废料通过渣车装运到指定地点处理，液体废水通过两级污水处理池两次沉淀后排入当地污水排放系统。 28. 场地内设置垃圾储运站，生活垃圾和废物集中收集、外运，并运至环保部门指定的场地处置
	2. 拌和场大棚安装、拆除	1. 对重型设备安装、起重设备的地基承载力进行验算，不满足要求时需进行加固处理。 2. 对进场施工管理人员实施进场三级教育、安全技术交底培训。 3. 做好人员安全防护用品配置工作。 4. 大棚需做好特殊天气防台防汛的验算及验证工作，采取有效措施落实到位。 5. 施工过程中，需实行领导带班制度，对于危险性较大项目或工序，坚持带班作业、专职安全员必须跟班作业，对施工作业人员实行班前安全教育。 6. 登高作业时需配备登高车、系好安全带，严禁私自攀爬。 7. 起重机严格按安全操作规程起重性能作业。认真检查起重工具设备，确保安全可靠。 8. 应编制起重吊装工程专项施工方案，非常规设备及特种设备的安装、拆除应单独编制专项方案，组织专家对方案进行论证；经审批合格后方可施工。 9. 大棚设计需由满足资质要求的设计单位进行，设备的安装、拆除应由具有相应资质单位进行。

续上表

常见重大作业活动		风险管控措施
临时工程	2.拌和场大棚安装、拆除	10.起重工、信号工必须经专门安全技术培训,考试合格持证上岗,并定期体检。 11.加强设备管理,应对进场设备进行验收,确保性能完好,应对进场设备资料、操作人员证件进行审核,合格后方可进场使用。 12.应制定设备管理制度,专人管理,做好设备日常管理、保养、维修,建立设备台账。 13.应对起重吊装施工进行安全巡视,发现危及人身安全的紧急情况,应当立即组织作业人员撤离危险区域。 14.起重机作业时,必须确定吊装区域,并设警戒标志,必要时派人监护;作业前必须检查作业环境,吊索具、防护用品、吊装区域无闲散人员,障碍已排除。吊索具无缺陷,捆绑结实牢固,被吊物与其他物件无连接。坚持"十不吊",制定人员站位图,进行班组现场交底,确认安全后方可作业。 15.遇有大雨、大雪、大雾及风力6级以上(含6级)等恶劣天气,必须停止露天起重吊装,严禁在带电的高压线下或一侧作业。 16.设备拆除严格按方案进行。 17.应编制严防高处坠落及起重、物体打击、车辆伤害事故伤害的应急预案,完善应急措施,储备应急物资及设备,开展应急队伍培训,适时组织应急演练工作。 18.发生险情或者事故时,应当立即采取应急处置措施,并报告工程所在地主管部门。相关单位应当配合开展应急抢险工作
交通组织	交通组织	1.建立组织管理体系和安全保障体系,明确责任。 2.编制交通组织实施方案,经专家评审通过后实施,合理设置便道、便桥,保证通行安全。 3.绘制交通设施布置及交通路线平面示意图,经相关部门批准后实施。 4.编制并确定施工人员站位图,指定休息区域,禁止施工人员随意走动、逗留,实行领导带班制度,安排专业交通协管人员指挥车辆。 5.通过设置交通设施限制施工路段通行速度,如设置S弯车道并配置限速路障标志。 6.实施交通管制施工前,需通过当地有关媒介发布施工及交通管制信息,告知具体路段和时间,绕行路线,有效分流经常往返本路段的车辆,减小交通压力。 7.施工期间现场施工作业人员必须穿反光背心,使用的施工工具不得超出红线,防止发生意外。 8.需配备专职交通协管员对交叉口进行交通疏导、专职安全员对施工路段进行巡检,监督施工现场安全管理。

续上表

常见重大作业活动		风险管控措施
交通组织	交通组织	9. 现场交通协管人员需配备对讲机,确保指挥通讯畅通。 10. 做好施工路段交通导改保障管理和维护工作,确保作业控制区安全状态,并积极协助有关部门处理路面突发事件。 11. 进出口设置提醒、警告标志标牌,严禁外来人员和车辆非法进入施工区域。 12. 实行 24 小时值班制,领导小组成员在施工期间必须严守岗位,确保通信畅通,及时有效地处置突发事件和紧急重大情况。 13. 编制应急预案,并按要求定时开展应急演练,不断提高应急处置能力

参 考 文 献

[1] 国家安全生产监督管理局.企业职工伤亡事故分类标准:GB 6441—1986[S].北京:中国标准出版社,1986.

[2] 全国统计方法应用标准化技术委员会.故障树名词术语和符号:GB/T 4888—2009[S].北京:人民出版社,2009.

[3] 全国风险管理标准化技术委员会.风险管理 术语:GB/T 23694—2013[S].北京:中国标准出版社,2013.

[4] 交通运输部公路科学研究院.公路工程质量检验评定标准 第一册 土建工程:JTG F80/1—2017[S].北京:人民交通出版社股份有限公司,2017.

[5] 中交一公局集团有限公司.公路桥涵施工技术规范:JTG/T 3650—2020[S].北京:人民交通出版社股份有限公司,2020.

[6] 交通运输部安全与质量监督司.公路水运工程施工安全风险评估指南 第1部分:总体要求:JT/T 1375.1—2022[S].北京:人民交通出版社股份有限公司,2022.

[7] 交通运输部工程质量监督局.公路水运工程施工安全标准化指南[M].北京:人民交通出版社,2013.